영유아 건강교육

Early Childhood Health Education

영유아 건강교육

백정언·한주희 공저

동문사

머리말

최근 통계청이 발표한 자료에 따르면, 2023년 출생아의 기대수명은 83.5년으로 전년 대비 0.8년 증가했으며, 이러한 상승 추세는 지속적으로 이어지고 있다. 특히 우리나라의 기대수명은 경제협력개발기구(OECD) 평균보다 남성은 2.2년, 여성은 2.8년 더 높은 수준을 보이고 있다. 이러한 통계는 우리가 이제 100세 시대를 살아가고 있음을 시사한다.

기대수명이 증가하는 시대적 변화 속에서 삶의 질을 결정짓는 가장 중요한 요소는 바로 건강이다. 단순히 오래 사는 것이 아니라, 건강하게 오래 사는 것이 현대 사회에서 더욱 중요한 과제가 되었다. '건강을 잃으면 모든 것을 잃는다'는 독일 속담처럼, 건강은 개인의 삶뿐만 아니라 가정과 사회 전반에 걸쳐 영향을 미치는 핵심 요소다. 따라서 건강을 유지하고 증진하는 것은 개인 차원을 넘어 사회적 차원에서도 필수적인 문제로 다루어져야 한다.

특히 영유아기는 신체적, 정신적, 사회적 발달이 급격히 이루어지는 시기로, 이 시기의 건강 상태와 생활 습관은 단순히 현재의 건강뿐만 아니라 평생 지속적인 영향을 미친다. 따라서 영유아기의 건강교육은 단순한 질병 예방을 넘어, 아이들이 스스로 건강을 관리할 수 있는 역량을 기르고 건강한 생활 습관을 형성하도록 돕는 필수적인 과정이다. 건강교육이 효과적으로 이루어진다면, 영유아는 자라면서 신체적 건강뿐만 아니라 정신적 · 정서적 · 사회적 건강을 고루 갖춘 균형 잡힌 성장을 이룰 수 있다. 또한, 이는 개별 발달을 넘어 사회 전체의 건강 증진에도 긍정적인 영향을 미치며, 궁극적으로 건강한 개인이 모여 건강한 사회를 형성하는 데 기여할 수 있다.

이러한 관점에서 본서는 영유아 건강교육을 보다 체계적이고 실천적으로 접근할 수 있도록 구성하였다. 전체 내용은 다음과 같이 크게 네 부분으로 나뉜다.

- 제1장~제3장에서는 영유아 건강교육의 개념과 이론적 기초를 다룬다. '영유아 건강교육의 이해', '영유아 발달과 건강', '교육과정과 건강교육' 등을 통해 영유아 건강교육의 필요성과 발달적 특성을 심층적으로 탐구한다.
- 제4장~제6장에서는 건강교육의 구체적인 내용을 살펴본다. '질병 예방', '영양 교육', '정신건강 문제' 등 건강을 구성하는 주요 요소를 중심으로 영유아기에 필요한 건강교육의 핵심 개념과 접근 방안을 제시한다.
- 제7장~제8장에서는 효과적인 건강교육을 실천하기 위한 교수·학습 방법과 건강한 생활 습관을 지도하는 구체적인 전략을 다룬다.
- 제9장에서는 이론적 지식을 실제 교육 현장에 적용할 수 있도록 다양한 건강교육 활동 사례를 제공하여 실천적 역량을 강화하는 데 중점을 둔다.

본서는 예비 유아교사뿐만 아니라 교육 현장에서 활동하는 유아교사들에게 영유아 건강교육의 중요성을 깊이 이해시키고, 이를 실천할 수 있는 전문적 지식과 실질적인 지침을 제공하는 것을 목표로 한다. 이를 통해 교사들이 영유아기의 건강한 성장을 지원하고, 더 나아가 아이들의 평생 건강과 삶의 질을 향상시키는 데 기여할 수 있기를 기대한다.

끝으로, 본서가 출간되기까지 아낌없는 도움을 주신 모든 분들께 깊이 감사드린다. 특히, 출판을 지원해 주신 동문사 출판사 관계자 여러분의 노고에 진심으로 감사의 뜻을 전한다.

2024년 12월

저자 일동

차 례

Ⅱ 영유아 건강교육의 내용

III 영유아 건강교육의 방법

IV 영유아 건강교육의 실제

I

영유아 건강교육의 기초

영유아 건강교육의 이해

오늘날 현대 사회는 급격한 변화와 함께 아동의 건강에 대한 관심이 점점 더 커지고 있다. 이러한 변화는 환경, 생활습관, 디지털 미디어 사용의 증가 등 다양한 요인에서 비롯된다. 이에 따라 아동의 신체적, 정신적, 사회적 건강을 전반적으로 아우르는 건강교육의 중요성은 더욱 부각되고 있다.

본 장에서는 아동건강교육의 개념을 명확히 정의하고, 건강과 관련된 최신 뉴스와 사례를 통해 아동 건강에 대한 관심이 왜 증가하고 있는지 살펴보고자 한다. 또한, 건강교육이 단순히 질병 예방에 그치는 것이 아니라, 아동의 전인적 성장과 미래의 삶에 어떤 긍정적인 영향을 미치는지 그 중요성을 살펴보고자 한다.

들어가기

■ 건강과 관련된 속담이나 명언을 조사한 후, 그중 가장 마음에 와 닿는 속담이나 명언을 소개하고, 그 이유를 설명해 보세요.

예

"건강은 왕관과 같다. 단, 그것은 아픈 사람만이 볼 수 있다."

- 로빈 샤르마

건강의 소중함은 건강을 잃었을 때 비로소 깨닫는다는 뜻입니다.

"행복은 건강이 만들어낸 결과물이다."

- 레이프 에스퀴스

건강이야말로 진정한 행복의 기초라는 의미입니다.

"건강을 잃으면 모든 것을 잃는다."

- 독일 속담

건강이 모든 삶의 기본 조건임을 강조합니다.

"우리의 몸은 영혼이 사는 집이다. 이 집을 잘 돌보라."

- 토머스 플로우

몸을 건강하게 유지하는 것이 정신과 삶을 지키는 일이라는 뜻입니다.

"오늘 걷지 않으면 내일은 뛰어야 할 것이다."

- 사마 스콜스키

건강 관리를 소홀히 하면 더 큰 노력을 기울여야 한다는 교훈입니다.

건강과 관련된 속담이나 명언을 자유롭게 조사하세요.	
조사한 속담이나 명언 중에서 가장 마음에 와 닿는 것을 선택하고, 그 이유를 작성해 보세요.	

1. 영유아 건강교육의 개념

1) 건강 및 건강개념의 변천

(1) 건강

건강의 개념은 개인적, 사회적, 그리고 국가적 측면에서 다양하게 정의된다.

- **개인적 측면**: 건강은 개인이 육체적·정신적으로 최상의 상태에 있어 자신의 생존과 행복을 위해 최대한의 능력을 발휘할 수 있다.
- **사회적 측면**: 건강은 사회의 구성원들이 자신의 능력을 사회의 안녕과 행복을 위해 충분히 발휘할 수 있는 상태이다.
- **국가적 측면**: 건강은 국가의 발전과 번영을 위한 필수적인 기본 조건이며, 건강한 국민은 국가의 성장과 부강의 원동력이다.

1946년 세계보건기구(WHO)는 건강을 다음과 같이 정의하였다. "건강이란 단순히 질병이나 허약함이 없는 상태가 아니라, 신체적, 정신적, 그리고 사회적으로 완전히 안녕한 상태를 의미한다." 즉, 건강은 단순히 병이 없거나 아프지 않은 것을 넘어서, 육체적·정신적·사회적으로 균형 잡힌 완전한 상태이다.

(2) 건강에 대한 관심

① 물질적 풍요와 삶의 질 향상

현대 사회에서 경제적 발전과 물질적 풍요로 인해 웰빙과 삶의 질을 추구하는 경향이 강해지면서, 건강에 대한 관심이 더욱 증가하고 있다. 다음의 뉴스 기사들은 현대인들이 경제적 발전과 물질적 풍요를 누리면서 웰빙과 삶의 질 향상을 위해 건강에 대한 관심이 증가하고 있음을 보여준다.

"2030은 탈모, 4050은 다이어트 … 뒤바뀐 건강 관심"

이 기사에서는 연령대별로 건강에 대한 관심사가 변화하고 있음을 다루고 있다. 2030대는 탈모 예방에, 4050대는 다이어트와 전반적인 건강 관리에 대한 관심이 높아지고 있다는 내용이다.

출처: 송경은. (2023.09.01.). 2030은 탈모, 4050은 다이어트 … 뒤바뀐 건강 관심. 매일경제. https://www.mk.co.kr/news/business/10820252?utm_source=chatgpt.com

"우리나라 소비자 식품 물가 올라도 건강 · 웰빙 더 중요해"

이 기사에서는 인플레이션 속에서도 한국 소비자들이 식품 선택 시 가격보다 건강과 웰빙을 우선시한다는 조사 결과를 소개하고 있다. 이는 건강에 대한 관심이 높아지고 있음을 보여준다.

출처: 김도연. (2024.07.19.). 우리나라 소비자 "식품 물가 올라도 건강 · 웰빙 더 중요해". 데일리 원헬스. https://www.dailyonehealth.com/news/articleView.html?idxno=3337&utm_source=chatgpt.com

"코로나19 이후 국민들 '건강 관심' 커졌다"

이 기사에서는 코로나19 이후 국민들의 건강에 대한 관심이 증가했으며, 금연, 절주, 걷기 등의 건강생활실천율이 높아졌다는 내용을 다루고 있다.

출처: 박정렬. (2023.04.27.). 코로나19 이후 국민들 '건강 관심' 커졌다. 매경헬스. https://www.mkhealth.co.kr/news/articleView.html?idxno=57538&utm_source=chatgpt.com

"수명 연장에 올인하는 미국 부자들"

미국의 부유층은 생명 연장을 위해 적극적으로 투자하고 있으며, 일반인들 역시 건강을 위해 시간과 노력을 기울이고 있다. 새로운 연구에 따르면, 미국인의 거의 절반(41%)이 가능한 오래 살기 위해 시간을 할애할 의향이 있다고 응답했다. 이들은 최적의 수면을 취하고, 건강한 식사를 계획하며, 보충제와 비타민을 섭취하는 등 다양한 방법으로 건강을 관리하고 있다.

출처: 공인호. (2023.08.11.). '수명 연장'에 올인하는 미국 부자들. 포춘코리아. https://www.fortunekorea.co.kr/news/articleView.html?idxno=29682

이러한 기사들은 현대인들이 경제적 발전과 물질적 풍요를 누리면서 웰빙과 삶의 질 향상을 위해 건강에 대한 관심이 증가하고 있음을 보여준다.

② 건강 문제의 중요성 대두

최근 각종 질병, 전염병, 만성질환 등이 사회적 문제로 부각되면서 예방 중심의 건강교육이 필수적이라는 인식이 확산되고 있다. 예를 들어, 코로나19 팬데믹을 겪으면서 개인위생과 감염병 예방의 중요성이 강조되었고, 이에 따라 학교 보건교육의 필요성이 대두되었다(이주석, 2020). 또한, 정부는 4차 산업혁명 시대를 맞아 공급자 · 치료 중심에서 환자 · 예방 중심으로 의료서비스의 패러다임 전환을 추진하고 있다(이경화, 2021). 이러한 변화는 예방 중심의 건강교육이 현대 사회에서 필수적이라는 인식을 반영한다.

③ 임신과 아동 건강의 중요성

태아기와 유아기의 건강이 평생의 건강에 영향을 미친다는 연구 결과들이 주목받으면서, 임신과 태교, 아동 건강교육의 중요성이 더욱 강조되고 있다. 예를 들어, 태아기부터 만 2세까지의 1,000일간의 건강은 평생 건강에 영향을 미치며, 이 시기의 영양 결핍은 성장 발달 장애와 만성질환의 위험을 높일 수 있다는 보고가 있다(황나미, 최정수, 김소운, 2015).

또한, 임신 중 받은 스트레스가 태아의 뇌 발달에 영향을 미칠 수 있다는 연구 결과도 보고되었다.

> 임신 중 받은 스트레스가 태아의 뇌 발달에 영향을 미칠 수 있다는 연구 결과가 나왔다. 영국 에든버러대학 의대의 레베카 레이놀즈 대사 의학(metabolic medicine) 교수 연구팀이 임신 여성 78명을 대상으로 스트레스 호르몬 코르티솔(cortisol) 수치를 측정하고 출산한 아기의 뇌 MRI 영상을 비교 분석한 결과 이 같은 사실이 밝혀졌다고 사이언스 데일리가 25일(현지시간) 보도했다.
>
> 출처: 조민영. (2020.11.27.). 태교 중요성 입증? "임신 중 스트레스, 뇌 발달에 영향". 국민일보. https://www.kmib.co.kr/article/view.asp?arcid=0015262411

④ 사회적 인식 변화

현대 사회에서 건강은 개인을 넘어 가정, 학교, 지역사회 전반의 중요한 관심사가 되었다. 이로 인해 건강한 생활 습관 형성과 교육의 필요성이 높아지고 있다. 이와 관련하여 다음과 같은 뉴스 자료들이 있다.

김강립 식약처장 "청소년기 식습관이 평생 영향…교육 필요"

김강립 식품의약품안전처장은 청소년기의 영양 섭취와 식습관이 평생 건강에 영향을 미친다며, 학교에서 올바른 식습관 형성을 돕는 것이 매우 중요하다고 강조했다.

출처: 신선미. (2021.04.08.). 김강립 식약처장 "청소년기 식습관이 평생 영향…교육 필요". 연합뉴스. https://www.yna.co.kr/view/AKR20210408049500530?utm_source=chatgpt.com

"식습관, 부모 관심과 학교 활동이 관건"

초등학생의 식습관은 부모의 관심과 학교의 식생활교육이 큰 영향을 미치며, 가정에서는 가족과의 규칙적인 식사로, 학교에서는 교과 외 교육활동을 통해 올바른 식습관을 형성하는 것이 중요하다는 연구 결과가 있다.

출처: 유태선. (2020.02.14.). 식습관, 부모 관심과 학교 활동이 '관건'. FS NEWS. https://www.fsnews.co.kr/news/articleView.html?idxno=36590&utm_source=chatgpt.com

"영양교육 받은 청소년, 야채 · 과일 더 먹고 아침 결식 적어"

영양교육을 받은 청소년은 과일과 채소 섭취가 늘고, 아침 결식률이 감소하며, 왜곡된 신체 이미지 인식도 줄어드는 등 긍정적인 변화를 보인다는 연구 결과가 발표되었다.

출처: 김잔디. (2022.01.06.) "영양교육 받은 청소년, 야채 · 과일 더 먹고 아침 결식 적어". 연합뉴스. https://www.yna.co.kr/view/AKR20220106142500017?utm_source=chatgpt.com

이러한 자료들은 건강한 생활 습관 형성과 교육이 개인의 평생 건강에 중요한 영향을 미치며, 가정과 학교, 지역사회의 협력이 필수적임을 보여준다.

⑤ 교육의 역할 강화

현대 사회에서 건강한 인재 양성을 위해 학교와 가정에서 체계적인 건강교육의 필요성이 강조되고 있으며, 이에 따라 건강교육 관련 도서와 정보에 대한 관심이 증가하고 있다. 예를 들어, 인천광역시교육청은 모든 학교에서 최소한 1개 학년 이상을 대상으로 연간 17시간 이상의 체계적이고 지속적인 보건교육을 실시하도록 권장하고 있다.

또한, 국가평생교육진흥원은 교육부와 식품의약품안전처와 함께 건강문해교육 교과서를 개발하여, 생활 습관과 식습관의 변화로 발생하는 질병 예방을 위한 교육 자료를 제공하고 있다.

이러한 노력은 건강교육의 중요성에 대한 사회적 인식이 높아지고 있음을 반영하며, 관련 도서와 정보에 대한 수요 증가로 이어지고 있다.

(3) 건강 개념의 변천

사람의 건강과 질병은 단순히 신체적인 상태뿐만 아니라, 몸과 마음의 조화와 균형에서 비롯된다고 볼 수 있다. 동양의학에서는 건강한 상태를 몸과 마음의 전체적인 조화로 이해하며, 건강하지 않은 상태는 이 조화가 깨진 것으로 본다. 반면 서양의학은 주로 '병이 없는 상태'와 '병이 생긴 상태'로 건강을 정의해 왔으며, 병이 없는 상태에서는 예방이나 처치에 상대적으로 관심이 적고, 병이 발생한 이후 치료를 중점적으로 다루는 경향이 있다. 서양의학이 '병 중심의 의학'으로 자리 잡아 왔다면, 이제는 그 축이 '건강 중심의 의학'으로 옮겨가야 한다는 주장이 점차 힘을 얻고 있다. 이는 예방과 건강 증진을 중심으로 하는 패러다임 전환의 필요성을 강조하는 것이다.

(4) 건강교육의 정의

건강교육은 개인이나 집단이 건강에 관한 지식과 태도를 습득하고, 건강에 도움이 되는 행동으로 변화하도록 돕는 학습 활동이다. 이는 건강 문제에 대한 이해를 높이고, 긍정적인 건강 행동을 촉진하기 위해 계획된 교육적 경험과 사회적 활동을 포함한다. 인간은 누구나 건강한 삶을 원하기 때문에 신체적 · 정신적 · 사회적으로 건강을 유지하기 위해 끊임없이 노력하고 있다. 최근 의학 기술과 생활 수준의 향상으로 평균 수명이 연장되었지만, 건강 수명은 여전히 이에 미치지 못하고 있어 보다 질적인 삶에 대한 요구가 높아지고 있다. 이러한 건강에 대한 인간의 기본적인 욕구를 충족시키기 위해 최첨단 수준의 의 · 과학 기술이 발전하고 있으나, 건강을 유지하기 위한 개인의 자기 관리 노력이 더욱 중요하게 여겨지고 있다. 이러한 노력은 개인이 건강 실천 능력을 함양하여 적극적으로 자기 관리를 하는 것을 의미하며, 이를 위한 기본적인 해결 방안은 건강교육을 통해 가능하다. 건강교육은 질병을 예방하고 건강 문제에 대처할 수 있는 건강 행동 실천에 필요한 개인적 및 집단적 능력을 향상하기 위한 방법이다. 그 목적은 개인의 생활에서 안녕 상태를 유지하며 질적인 삶을 영위하는 것이다.

2. 영유아 건강교육의 중요성

1) 영유아 건강교육

영유아 건강교육은 아이들이 신체적, 정신적, 사회적으로 건강하게 성장하도록 돕는 교육이다. 건강은 삶의 질을 결정하는 중요한 요소이므로, 영유아기부터 건강교육을 시작하는 것이 중요하다. 이 시기의 교육은 건강한 생활 습관을 형성하고, 평생 건강한 삶을 유지할 수 있는 기초를 마련한다.

2) 영유아 건강교육의 목적과 중요성

영유아 건강교육의 목적은 아동들이 건강한 생활 습관을 형성하고, 신체적 · 정신적 건강을 유지하는 방법을 배우도록 돕는 데 있다. 이를 통해 기본적인 건강 지식과 실천 능력을 갖추고, 스스로 건강을 관리하며 질병을 예방할 수 있는 역량을 키우는 것을 목표로 한다.

영유아기는 심신이 급속히 성장하고 발달하는 시기로, 이 시기의 건강 상태는 이후 전 생애에 걸쳐 큰 영향을 미친다. 이 시기의 아이들은 스스로 건강을 관리하기 어려운 만큼, 부모와 양육자의 보호와 지도가 필수적이다. 면역력이 약하고 외부 환경에 민감한 특성을 지닌 영유아는 세심한 관리와 지원이 요구되며, 적절한 건강관리와 교육은 평생의 건강을 위한 기초를 마련하는 데 중요한 역할을 한다.

오늘날 변화하는 사회 환경은 영유아교사의 역할을 단순한 교육자를 넘어 건강관리 지도자이자 보호자로 확장하고 있다. 기술 발전과 생활환경 변화로 인해 과도한 스마트기기 사용, 신체활동 부족 등 새로운 건강 문제들이 대두되면서, 교사는 아이들이 이러한 문제에 적절히 대응하고 건강한 환경 속에서 성장할 수 있도록 지원해야 한다.

영유아 건강교육은 단순히 현재의 삶의 질을 높이는 데 그치지 않고, 전인적 성장과 평생 건강의 기반을 다지는 데 필수적이다. 교사는 부모와 협력하여 가정과 교육기관에서 일관된 건강관리 환경을 조성하며, 아이들이 스스로 건강을 지킬 수 있는 능력을 기르는 데 중요한 역할을 수행한다.

결론적으로, 영유아기의 건강은 평생 건강의 초석이며, 시대적 요구에 맞춘 체계적이고 전문적인 접근이 필요하다. 이를 통해 교육과 보호의 균형을 이루며 아이들의 건강한 성장을 돕는 것이 영유아교사의 핵심 역할이다.

(1) 환경의 변화

① 생활환경 변화

현대 사회에서 주거 형태, 식생활, 사회적 범죄, 미디어 환경 등 생활환경의 변화로 인해 건강교육의 필요성이 더욱 강조되고 있다. 이러한 변화는 개인의 신체적, 정신적 건강에 직접적인 영향을 미치며, 이에 대한 체계적인 교육과 예방이 중요하다.

■ 놀이공간 부족과 건강

놀이 공간의 부족은 아동의 건강과 삶의 질에 부정적인 영향을 준다. 놀이친화적 환경이 조성된 경우, 아동의 신체활동 증가와 삶의 질 향상에 긍정적인 효과가 나타났다(박현선, 2020). 반면, 놀이 공간이 부족한 환경에서는 아동의 놀이 시간이 제한되어 신체적, 정서적 발달에 어려움을 겪을 수 있다. 또한, 2022년 UNICEF 보고서에 따르면, 한국은 아동의 복지와 웰빙에 영향을 미치는 환경 조건 중 놀이 공간과 녹지 공간의 순위에서 39개국 중 32위로 나타나, 놀이 환경의 열악함이 지적되었다(김새롬, 김명순, 2023).

이러한 자료들은 놀이 공간의 부족이 아동의 건강과 전반적인 발달에 부정적인 영향을 미친다는 것을 시사한다.

■ 식생활과 건강

영유아들이 건강에 해로운 식품 환경에 노출되면서 건강 관리에 어려움을 겪고 있다는 연구 결과들이 있다. 환경보건종합정보시스템에 따르면, 환경 유해 인자는 영유아와 어린이의 건강을 위협하여 천식, 알레르기 비염, 아토피 피부염 등을 유발할 수 있으며, 내분비계 교란, 신경인지발달장애, 갑상선장애, 대사증후군 등의 질환을 일으킬 수 있다(환경부, 2010). 또한, 학교 주변의 '그린푸드존'은 어린이 기호식품의 안전한 판매 환경을 조성하여 어린이의 건강을 보호하기 위한 제도이다. 그러나 이러한 보호구역 내에서도 고열량 · 저영양 식품과 고카페인 함유 음료의 판매가 이루어지고 있어, 어린이들의 건강한 식생활에 부정적인 영향을 미칠 수 있다(식품의약품안전처, 2007).

이러한 자료들은 어린이들이 유해한 식품 환경에 노출될 경우, 건강관리에 어려움을 겪을 수 있음을 시사한다. 따라서, 어린이들의 건강을 보호하기 위해서는 안전하고 영양가 있는 식품 환경을 조성하고, 유해한 식품의 노출을 최소화하는 노력이 필요하다.

또한 현대인의 식습관 변화는 비만, 당뇨병 등 만성질환의 증가와 직결된다. 이를 예방하기 위해서는 가정과 학교에서의 영양 및 식생활 교육이 필수적이다. 경기도교육청은 이러한 필요성에 따라 영양 · 식생활교육 영상자료를 제작하여 온라인으로 제공하고 있다(경기도교육청, 2020).

■ 미디어 환경과 건강

시대의 변화로 인해 영유아들이 스마트기기에 노출되는 시기가 점점 빨라지고 있으며, 이는 신체 건강에 여러 부정적인 영향을 미칠 수 있다.

■ 신체 활동 감소와 비만 위험 증가

스마트기기 사용이 증가함에 따라 영유아의 신체 활동 시간이 줄어들고, 이는 비만의 위험을 높일 수 있다. 세계보건기구(WHO)는 1세 이하의 아이들은 전자 기기 화면에 노출되지 않도록 권고하며, 2~4세 어린이의 경우 하루 1시간 이상 스마트기기를 사용하지 않도록 지침을 제시하고 있다(심도현, 2020).

■ 수면 장애

스마트기기에서 나오는 블루라이트는 멜라토닌 분비를 억제하여 수면의 질을 저하할 수 있다. 영유아 시기에 이러한 수면 장애는 성장과 발달에 부정적인 영향을 미칠 수 있다.

■ 시력 저하

장시간의 스마트기기 사용은 영유아의 시력 발달에 부정적인 영향을 줄 수 있으며, 근시 등의 시력 저하를 초래할 수 있다.

■ 근골격계 문제

스마트기기 사용 시의 부적절한 자세는 영유아의 근골격계 발달에 문제를 일으킬 수 있으며, 이는 성장 과정에서 다양한 신체적 불편을 초래할 수 있다. 이러한 부정적인 영향을 최소화하기 위해서는 영유아의 스마트기기 사용을 적절히 제한하고, 신체 활동을 장려하며, 부모의 적극적인 지도와 관찰이 필요하다. 또한, 스마트기기 사용에 대한 부모 교육을 통해 영유아의 건강한 발달을 지원하는 것이 중요하다(이애리, 박용완, 오주현, 2021).

② 자연환경 변화(환경오염과 건강)

자연환경의 변화, 특히 대기, 수질, 토양, 방사능 오염 등은 인간의 건강에 직간접적인 영향을 미치며, 이러한 영향은 건강교육의 필요성과 직결된다.

■ 기후변화와 대기오염의 건강

한국환경연구원의 보고서에 따르면, 기후변화로 인한 기온 상승과 대기오염 물질의 농도 변화는 심혈관 및 호흡기 질환의 발생률을 높이며, 이는 국민 건강에 심각한 위협이 된다(배현주, 2011).

■ 기후변화와 정신건강

기후변화는 신체적 건강뿐만 아니라 정신적 건강에도 영향을 미친다. 최근 국내 연구에서는 기후변화로 인한 자연재해와 환경 변화가 우울증, 불안 등 정신건강 문제를 유발할 수 있음을 보고하고 있다(신지영, 백주하, 채수미, 2023).

■ **기후변화와 감염병 증가**

기후변화로 인해 감염병의 발생이 증가하고 있다. 이는 기후위기가 감염병에 직접적인 영향을 미치기 때문이며, 이에 대한 교육이 필요하다(이상윤, 2021).

이러한 자료들은 자연환경 변화가 건강에 미치는 영향을 이해하고, 이를 예방하거나 완화하기 위한 건강교육의 필요성을 강조한다. 따라서, 체계적이고 지속적인 환경 및 건강 교육 프로그램의 개발과 시행이 중요하다.

생각해보기

■ 건강에 대한 개념 및 중요성 관련해서 그룹별로 '건강신문'을 만들어 보세요.

❖ 건강신문 만들기 ❖

건강신문의 헤드라인	
건강신문의 내용	

영유아의 발달과 건강

건강을 체계적으로 이해하기 위해 태내기, 영아기, 유아기로 각 시기를 구분하여 각 시기별 성장과 발달 과정을 상세히 살펴본다. 또한, 각 시기의 발달에 영향을 미치는 다양한 건강 관련 요소들을 논의하고, 이러한 요소들이 영유아의 전반적인 발달에 미치는 영향을 심도 있게 다룬다. 더불어 각 시기별 적절한 건강 관리 방법과 실천 방안을 제시하여, 영유아의 건강한 성장과 발달을 지원하기 위한 실질적인 지침을 살펴보고자 한다.

1. 태내 발달과 건강
2. 신생아 발달과 건강
3. 영아 발달과 건강
4. 유아 발달과 건강

들어가기

■ 태교와 건강을 연결하여 다양한 주제를 바탕으로 사례를 조사해 보세요.

예

1) 태교와 산모의 정신건강
2) 태교와 신체건강
3) 태교와 영양
4) 태교와 태아건강
5) 아빠의 건강관리와 태교 참여가 아기의 건강에 미치는 영향

❖ 태교와 건강을 연결하여 다양한 주제를 바탕으로 사례를 조사 ❖

주제 선정	
사례	

1. 태내 발달과 건강

1) 태내 발달의 주요 특징

(1) 배종기(Germinal Period: 수정~2주)

배종기는 수정된 난자가 세포 분열을 시작하여 자궁에 착상되기까지의 초기 단계를 말한다. 수정에서부터 약 2주 동안 진행되며, 배아 발달의 첫 번째 단계로 간주된다.

① 배종기의 주요 과정

- **0~3일**: 수정 후 난자가 나팔관을 따라 이동하며 세포 분열 시작
- **4~5일**: 배반포 형성(약 100개의 세포로 구성)
- **6~10일**: 배반포가 자궁 내막에 착상
- **10~14일**: 착상 완료 → 태반 형성을 위한 초기 단계 시작

(2) 배아기(Embryonic Period: 3주~8주)

배아기는 수정 후 3주부터 8주까지의 시기를 말하며, 태아 발달의 가장 중요한 단계로 간주된다. 이 시기는 주요 기관과 구조가 형성되기 시작하는 시점으로, 태아의 기초가 되는 모든 장기가 만들어지는 단계이다.

① 배아기의 주요 과정

- **3주**: 신경관(neural tube) 형성 → 뇌와 척수의 기초 구조
- **4주**: 심장이 박동을 시작하고 팔다리의 싹(limb bud) 형성
- **5주**: 눈과 귀의 원형, 손가락과 발가락의 초기 구조가 나타남

- **6주**: 안면 구조 형성 시작, 생식기 초기 구조 발달
- **7주**: 뼈와 연골 형성, 근육 조직 발달
- **8주**: 신체의 주요 장기가 대부분 자리 잡고, 인간의 형태가 명확히 드러남

(3) 태내기(Fetal Period: 9주~출산)

태내기는 임신 9주부터 출산까지의 기간으로, 태아가 본격적으로 성장하고 성숙해지는 시기이다. 이 단계는 배아기(3~8주)에서 형성된 장기와 조직이 발달하고 기능을 갖추며, 태아의 몸이 빠르게 성장하는 것이 특징이다.

① 태내기의 주요 특징

- **태아의 성장**
  - 배아기에서 형성된 장기와 조직이 크기와 기능면에서 빠르게 성장
  - 이 시기에 태아는 초기의 세포 조직 형태에서 인간의 완전한 모습으로 발달
- **장기의 성숙**
  - 주요 장기(뇌, 심장, 폐, 간 등)가 기능을 시작하고 점차 성숙
  - 특히, 뇌와 신경계는 태내기 동안 급격히 발달
- **움직임의 시작**
  - 임신 약 12주경부터 태아가 움직이기 시작하며, 초음파로 관찰 가능
  - 임신 20주 전후로 엄마가 태동을 느끼기 시작
- **성별 확인**
  - 약 12~14주에 외부 생식기가 발달하며, 초음파로 성별 확인 가능
- **태아의 감각 발달**
  - 청각: 16주경부터 소리를 듣기 시작하며, 24주 이후 엄마의 목소리를 인식

- 시각: 임신 후반부에 눈을 뜨기 시작하며, 밝은 빛에 반응
- 촉각: 초기부터 발달하며, 손과 발의 움직임을 통해 탐색

② 태내기 태아 성장의 특징

- **신체 크기 변화**
  - 9주: 약 2~3cm, 2g 정도의 크기
  - 20주: 약 25cm, 300g
  - 출산 시: 약 50cm, 3kg 내외
- **머리 비율 변화**
  - 초기에는 머리가 신체 크기의 절반을 차지하지만, 임신 후반에는 머리와 몸의 비율이 점점 더 균형을 이루게 됨

2) 태내 발달과 건강

■ **산모의 건강**
- 영양 상태: 엽산, 철분, 칼슘 등 필수 영양소 부족 시 태아 발달에 문제 발생 가능
- 정신건강: 스트레스 호르몬이 과도할 경우 태아의 성장과 행동 발달에 영향
- 질병: 산모가 감염병(풍진, 톡소플라스마증 등)에 걸리면 태아 기형 가능성 증가

■ **외부 환경 요인**
- 약물 및 화학물질: 특정 약물, 알코올, 흡연, 약물 남용 등이 태아의 장기 발달과 신경계에 부정적 영향
- 환경 오염: 중금속, 미세먼지 등에 대한 노출은 태아 발달 지연이나 건강 문제를 유발할 수 있음

■ **유전적 요인**
- 염색체 이상이나 유전적 질환이 태아의 성장과 발달에 영향을 미칠 수 있음

(1) 배종기(Germinal Period: 수정~2주)

① 배종기의 민감성

- **자연 유산의 위험성**
  - 착상이 실패하거나, 염색체 이상 등으로 인해 수정란이 제대로 발달하지 못하면 자연적으로 배출될 수 있음
  - 임신 중 자연 유산의 약 60% 이상이 이 단계에서 발생
- **환경적 영향**
  - 배종기 동안 수정란은 외부 자극에 비교적 저항력이 강하지만, 극단적인 환경적 요인(예: 방사선, 약물, 중금속)에 의해 영향을 받을 수 있음

② 배종기의 중요성

- 배종기는 태아 발달의 기초를 다지는 시기로, 유전적 정보와 초기 세포 조직의 형성이 이루어지는 매우 중요한 단계이다.
- 이 시기의 성공적인 착상 여부는 임신의 유지와 배아 발달에 직접적인 영향을 미친다.

(2) 배아기(Embryonic Period: 3주~8주)

① 배아기의 민감성

- 이 시기는 발달 중인 장기와 구조가 매우 민감하기 때문에, 외부 요인의 영향을 크게 받는다.
- **주요 위험 요인**
  - 환경호르몬: 내분비계 교란으로 기형이나 발달 문제 초래 가능
  - 약물과 독성물질: 특정 약물(예: 탈리도마이드)이나 화학물질 노출은 기형 위험 증가
  - 감염: 풍진, 톡소플라즈마 등 바이러스 감염은 치명적 영향을 미칠 수

있음

- 영양 부족: 엽산 결핍은 신경관 결손(예: 척추갈림증) 위험을 높임

임신 중 경계 물질

환경호르몬이란?

- 정의: 내분비계 교란 물질(Endocrine Disruptors)로, 농약, 세제, 플라스틱 제품 등에 포함된 합성 화학물질이 체내로 들어와 호르몬처럼 행동하거나 호르몬의 기능을 방해하는 물질
- 주요 예시
  - 비스페놀 A(BPA): 플라스틱 용기, 캔 내부 코팅제
  - 프탈레이트: 화장품, 플라스틱 제품의 유연제
  - 다이옥신: 산업 폐기물, 일부 연소 과정
  - 살충제와 농약 잔류물

■ 임산부와 태아에 미치는 영향

- 환경호르몬은 태아의 호르몬 균형에 직접적인 영향을 미침
- 임신 초기(태아의 성별이 결정되는 시기)에 환경호르몬에 과다 노출될 경우
  - 남아: 남성호르몬 억제 → 생식기 여성화
    사례: 음경과 음낭 사이 길이(AGD) 축소, 잠복고환, 요도하열
  - 여아: 여성호르몬 활성화 → 성 조숙증
    조기 가슴 발달, 초경이 빨라지는 현상

■ 환경호르몬의 구체적 영향

- 호르몬 교란: 환경호르몬이 체내에서 실제 호르몬처럼 작용하거나, 호르몬 수용체를 방해하여 정상적인 호르몬 작용을 막음
- 태아의 생식기 형성과 발달에 영향을 미침
- 장기적 영향: 성장 후 생식 기능 저하, 비만, 대사 질환, 면역력 저하로 이어질 가능성이 있음

■ 환경호르몬에 노출되지 않기 위한 방법

- 플라스틱 제품 사용 최소화
  - BPA-Free 제품 사용
  - 플라스틱 용기에 뜨거운 음식/음료 보관 금지
  - 유리, 스테인리스 제품으로 대체
- 농약과 화학물질 피하기
  - 유기농 식품 섭취
  - 농산물은 흐르는 물에 깨끗이 씻거나 껍질 제거
- 화장품과 생활용품 관리
  - 프탈레이트, 파라벤이 없는 제품 사용
  - 인공 향이 강한 제품(디퓨저, 방향제 등) 사용 최소화
- 생활 환경 관리
  - 공기청정기 사용 및 환기 자주 하기
  - 전자기기와 전자파 노출 최소화

■ 임산부를 위한 권장 사항

- 환경호르몬 노출 최소화를 위해 안전한 생활 습관을 형성
- 환경호르몬 관련 의학 정보와 연구를 적극적으로 활용하여 예방
- 임신 중 환경호르몬 노출에 대한 경각심 고취 및 정기 검진과 상담을 통해 지속적인 관리

환경호르몬의 문제는 개인의 노력만으로 해결하기 어려운 측면도 있지만, 일상 속에서 작은 변화로도 충분히 태아와 본인의 건강을 지킬 수 있다.

탈리도마이드(Thalidomide)는 1950년대 후반 독일 제약회사 그뤼넨탈(Grünenthal)이 개발한 진정제 및 수면제로, 특히 임산부의 입덧 완화제로 널리 사용되었다. 그러나 이 약물은 태아의 발달에 심각한 부작용을 일으켜, 전 세계적으로 약 1만 2,000여 명의 기형아 출산을 초래했다.

탈리도마이드 베이비(Thalidomide Baby)는 이 약물의 부작용으로 인해 사지 결손 등의 선천적 기형을 가진 채 태어난 아이들을 지칭한다. 이들은 팔이나 다리가 짧거나 없는 '해표지증(海豹肢症, Phocomelia)'을 비롯해 심장 기형, 청력 및 시력 손실 등 다양한 건강 문제를 겪었다.

탈리도마이드 사건은 의약품의 안전성 검증과 규제의 중요성을 일깨운 사례로, 이후 전 세계적으로 약물 승인 절차와 임상 시험에 대한 기준이 강화되는 계기가 되었다. 현재 탈리도마이드는 특정 질환(예: 한센병, 다발성 골수종)의 치료에 제한적으로 사용되지만, 임산부에게는 절대 금기시되고 있다.

이 사건은 의약품 개발과 사용 시 철저한 안전성 검증의 필요성을 강조하며, 약물 부작용에 대한 경각심을 높이는 데 큰 영향을 미쳤다.

출처: 위키백과.

탈리도마이드 복용으로 인해 손, 발 이상으로 태어난 아이들의 모습
(美 노스웨스턴대 제공)

(3) 태내기(Fetal Period: 9주~출산)

① 태내기의 민감성

태아는 여전히 외부 요인에 민감하며, 특히 아래의 요소에 의해 영향을 받을 수 있음

- **영양 부족**: 태아 성장에 필요한 영양소 부족은 저체중아나 발달 지연을 초래
- **유해 물질 노출**: 흡연, 알코올, 약물 등은 태아의 장기 발달과 신경계에 영향을 미침
- **감염**: 풍진, CMV, 톡소플라즈마 등 특정 감염은 발달 장애를 초래

3) 태내 건강 관리

■ 산모의 건강 관리

- 균형 잡힌 식사와 충분한 수분 섭취
- 정기적인 산전 진찰 및 초음파 검사
- 적정한 운동(가벼운 산책, 요가 등)으로 혈액 순환 촉진

■ 위험 요인 회피

- 흡연, 음주, 약물 복용 금지
- 감염 예방을 위해 손씻기, 생고기 섭취 금지
- 스트레스 관리와 충분한 수면 확보

■ 심리적 안정

- 긍정적인 태도 유지
- 명상이나 산모 교육 프로그램 참여

(1) 배종기(Germinal Period: 수정~2주)

① 건강 관리

- 영양 섭취에 신경 쓰고, 엽산 보충을 시작하여 태아 신경관 결손을 예방
- 지나친 음주, 흡연, 약물 복용 금지

② 스트레스 관리

- 스트레스를 줄이고 편안한 상태를 유지하는 것이 착상 성공률을 높이는 데 도움이 됨

③ 환경 관리

- 방사선, 화학물질, 극단적인 온도 변화 등 유해 환경 노출 피하기

배종기는 수정란이 배아로 발전하기 위한 첫걸음을 내딛는 단계로, 성공적인 착상과 건강한 배아 발달을 위해 엄마의 건강과 환경 관리가 매우 중요한 시기이다.

(2) 배아기(Embryonic Period: 3주~8주)

① 임산부 관리 요령

- 건강한 식습관 유지(엽산, 철분, 칼슘 섭취)
- 약물 복용 시 반드시 의사와 상의
- 환경 유해 물질 및 감염 예방
- 규칙적인 산부인과 검진을 통해 발달 상태 확인

배아기는 장기와 신체 구조가 처음으로 만들어지는 단계로, 이후 모든 발달의 기초가 된다. 따라서 이 시기의 환경적, 영양적, 건강적 관리가 매우 중요하다.

태내기 발달의 결정적 시기

■ **배아기(3주~8주)**

이 시기는 많은 엄마들이 임신 사실을 모르고 지나가는 경우가 많다. 약물 복용에 주의해야 하는 시기로, 항생제는 태아의 청각 결함, 아스피린은 혈관 장애, 피임약은 염색체 이상을 유발할 수 있다. 또한 질병 감염도 주의해야 한다. 예를 들어, 풍진은 전염성과 감염 위험이 높다. 사람의 기침, 소변, 침, 공기 중을 통해 전염되며, 태반을 통해 태아에게도 감염될 수 있다. 특히 임신 초기 3개월 이전에 풍진에 감염된 산모의 태아는 난청(60~75%), 눈의 이상(10~30%), 중추신경 결함(10~25%), 심장 기형(10~20%) 등의 위험이 있다. 따라서 결혼 6개월 전에 미리 예방접종을 맞는 것이 권장된다.

(3) 태내기(Fetal Period: 9주~출산)

① 태내기 동안 임산부 관리

- **균형 잡힌 식사**: 단백질, 엽산, 칼슘, 철분, 오메가-3 등이 풍부한 식단 유지
- **규칙적인 산전 검사**: 초음파 검사, 기형아 검사 등 태아 발달 확인
- **운동**: 무리하지 않는 선에서 가벼운 운동(예: 걷기, 임산부 요가) 권장
- **유해 물질 회피**: 약물, 흡연, 알코올, 방사선 등 태아 발달에 해로운 요소 피하기
- **스트레스 관리**: 정서적 안정 유지, 충분한 휴식과 수면

② 태내기의 중요성

태내기는 출생 후 건강과 삶의 질에 큰 영향을 미치는 시기이다. 이 시기 동안 태아의 신체와 뇌, 감각 기관이 발달하고, 출생 준비가 이루어지기 때문에, 임산부의 건강과 생활 관리가 태아의 건강한 성장을 위한 핵심 요소이다.

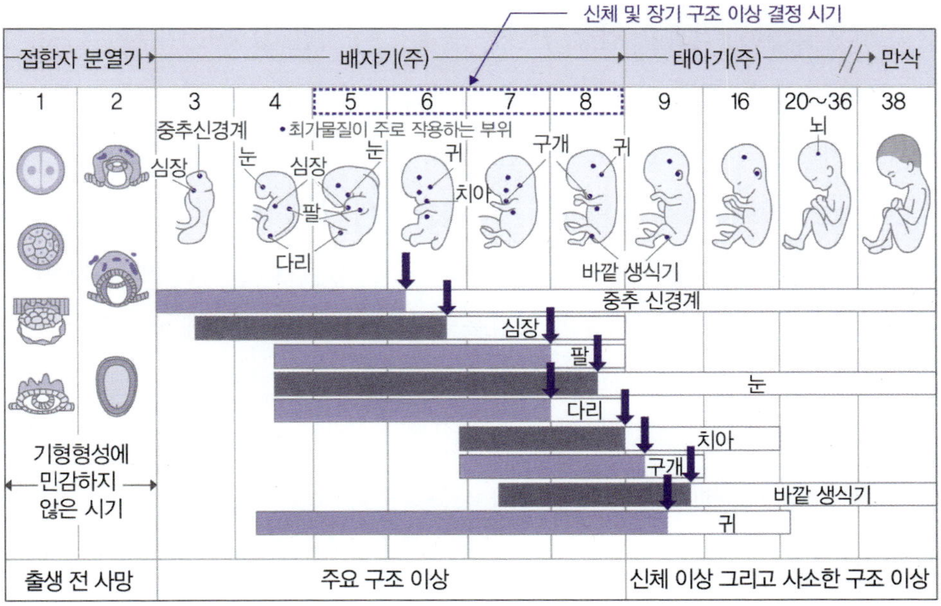

[그림 2-1] **임신주기별 태아 발생 및 손상 위험**

2. 신생아 발달과 건강

신생아기는 출생부터 생후 4주(28일)까지를 말하며, 아기가 자궁 밖 환경에 적응하고 성장의 기초를 다지는 매우 중요한 시기이다. 이 단계에서 신생아는 급속히 발달하며, 적절한 건강 관리를 통해 안정적인 성장이 이루어질 수 있다. 특히 조산아, 체중 미달, 또는 출생 시 손상이나 감염이 있는 경우에는 이 시기가 더 길어질 수 있으며, 세심한 관리가 필요하다.

신생아는 출생을 통해 어머니의 자궁에서 나와 빛, 소리, 공기 등 외부 세계의 자극에 처음으로 노출되며 큰 환경적 변화를 경험한다. 이는 체온 유지, 호흡, 소화 등 자율적 생리 기능의 발달을 요구하며, 외부 환경에 적응하는 과정에서 많은 에너지를 소모한다.

이 시기는 건강상 가장 취약한 시기로, 전체 영아 사망의 약 70%가 신생아기에 발생한다. 신생아가 외부 환경에 성공적으로 적응하고 건강하게 성장하기 위해서는 충분한 영양, 휴식, 수면이 필수적이다. 대부분의 건강 문제는 외부 환경 적응과 관련이 있으며, 감염, 미숙함, 또는 장애 등이 주요 원인으로 작용한다.

1) 신생아 발달의 주요 특징

(1) 신체 발달

① 체중

- **평균 체중**: 2.5~4kg
- 출생 직후 체중이 감소하며 수일 내에 출생 체중을 회복

② 키

- **평균 신장**: 50cm 내외
- 첫해 동안 빠른 성장(출생 시의 약 1.5배 길이)

③ 머리 둘레

- 평균 약 34cm로, 가슴둘레보다 크며 뇌 발달을 위해 급속히 성장

(2) 감각 발달

- **시각**: 초점 거리는 약 20~30cm로, 엄마의 얼굴을 볼 수 있음. 강한 빛에 반응
- **청각**: 출생 직후부터 소리에 반응. 엄마의 목소리를 인식
- **후각**: 엄마의 냄새를 구별 가능
- **미각**: 단맛을 선호하며, 쓴맛과 신맛에 민감
- **촉각**: 피부 접촉을 통해 안정감을 얻음. 따뜻한 온도와 부드러운 자극을 선호

(3) 운동 발달

① 원시 반사(Primitive Reflexes)

- **모로 반사**: 큰 소리나 갑작스러운 움직임에 팔과 다리를 벌렸다 오므림
- **빨기 반사**: 입 주위에 닿는 자극에 빨기 동작을 함
- **잡기 반사**: 손바닥에 닿는 물건을 꽉 잡음
- **걷기 반사**: 발을 딛게 하면 걷는 듯한 동작

② 신생아 발달의 주의점

- **성장 지연**: 체중이 지속적으로 증가하지 않거나, 활동성이 떨어질 경우 소아과 상담 필요
- **반사 이상**: 원시 반사가 없거나 소멸 시기가 비정상적으로 늦어질 경우 주의
- **과도한 울음**: 하루 3시간 이상 울고 달래기 어려운 경우, 산통(Colic) 또는 다른 건강 문제일 가능성이 있음

2) 신생아 발달과 건강

(1) 영양과 수유

- **모유 수유**: 모유는 면역력을 높이고 소화를 돕는 가장 이상적인 영양 공급원
- **수유 빈도**: 하루 812회, 약 23시간 간격
- **수분 요구량**: 모유 또는 분유로 충분히 충족 가능

(2) 체온 조절

- 신생아는 체온 조절 능력이 미숙해 저체온증이나 과열에 취약
- **적정 온도**: 실내 온도를 22~24℃로 유지하고, 얇은 겹옷을 입힘

(3) 황달

- 출생 후 23일 내에 나타날 수 있으며, 생리적 황달은 12주 이내에 사라짐
- **병적 황달**: 심할 경우 광선치료 필요

(4) 수면

- 하루 평균 16~18시간 수면
- 수면은 주기적으로 이루어지며, 생후 3개월부터 밤에 더 길게 잠을 자는 패턴으로 변화

(5) 배설

- 첫 24시간 내 태변(검은색 끈적한 대변)을 배출
- 이후 모유 수유 시 연한 노란색 대변, 분유 수유 시 약간 딱딱한 대변

(6) 면역과 감염

- 신생아는 엄마로부터 받은 면역(모체 항체)에 의존
- 감염 예방을 위해 손씻기, 방문객 제한 등 위생 관리 중요

3) 신생아 건강 관리

(1) 예방 접종

- 생후 1개월 내 B형 간염 1차 접종, 결핵(BCG) 접종
- 예방 접종 스케줄을 철저히 준수

(2) 위생 관리

- **배꼽 소독**: 감염 예방을 위해 알코올로 깨끗이 닦음
- **목욕**: 하루 1회, 물 온도는 37~38℃

(3) 정기 검진

- 생후 첫 주에 소아과를 방문하여 건강 상태 점검
- 체중, 신장, 머리 둘레 등 성장 상태를 주기적으로 확인

(4) 환경 관리

- 실내온도(22~24도)와 습도(50~60%) 유지
- 담배 연기, 먼지, 소음 등 유해 환경 피하기

신생아기는 성장과 발달이 빠르게 이루어지는 단계로, 부모의 세심한 관심과 적절한 관리가 필요하다. 이 시기의 건강한 발달은 아기의 평생 건강의 기본이 된다.

3. 영아 발달과 건강

1) 영아 발달의 주요 특징

영아기(출생~24개월)는 인간 발달의 기초가 되는 시기로, 신체적, 인지적, 정서적, 사회적 발달이 급격히 이루어진다. 영아기는 평생 발달의 기초가 되는 시기이므로, 부모나 양육자는 안정적인 애착 형성, 적절한 자극 제공, 안전하고 지지적인 환경을 마련하는 것이 중요하다.

2) 영아 발달과 건강

(1) 신체 발달과 건강

① 신체 성장

- 출생 후 첫 2년 동안은 신체 성장이 가장 빠르게 이루어지는 시기이다. 이 시기에는 적절한 영양 섭취가 중요하며, 특히 모유 수유가 권장된다.
- 비타민 D와 철분 보충이 필요할 수 있으며, 생후 6개월 이후 이유식을 시작하여 다양한 영양소를 제공해야 한다.

② 운동 발달

- 대근육 운동(기기, 걷기)과 소근육 운동(잡기, 손놀림)이 발달한다.
- 영아가 안전하게 탐색하고 움직일 수 있도록 환경을 마련하는 것이 중요하다.

③ 감각 발달

- 시각, 청각, 촉각이 급격히 발달하며, 감각 자극(책 읽어주기, 음악 듣기, 촉감 놀이 등)을 통해 발달을 촉진할 수 있다.

(2) 정서 및 사회적 발달

① 애착 형성

- 주요 양육자와의 안정적인 애착 관계는 영아의 정서적 안정과 사회적 발달에 중요한 역할을 한다.
- 안정 애착은 이후 대인관계와 자아존중감에 긍정적인 영향을 미친다.

② 정서 발달

- 기본 감정(기쁨, 슬픔, 분노 등)이 형성되며, 생후 6개월부터는 낯가림과 분

리불안이 나타날 수 있다.

- 이 시기에는 영아가 감정을 표현하고 조절할 수 있도록 따뜻하고 일관성 있는 양육이 필요하다.

③ 사회성 발달

- 생후 6~8주에 사회적 미소를 시작하며, 이후 주변 사람들과의 상호작용을 통해 사회적 기술을 배운다.
- 타인의 행동을 모방하고 놀이를 통해 사회적 관계를 확장한다.

(3) 인지 발달과 건강

① 감각운동기 단계(피아제의 인지 발달 이론)

- 영아는 감각과 운동을 통해 세상을 탐구하며, 생후 8개월경부터 대상영속성을 이해하기 시작한다.
- 상호작용과 놀이를 통해 탐구와 학습 기회를 제공해야 한다.

② 언어 발달

- 출생 직후 울음으로 의사소통을 시작하며, 생후 6개월경 옹알이가 나타난다.
- 생후 12개월경 첫 단어를 말하며, 언어 자극(책 읽기, 대화)이 언어 발달을 촉진한다.

(4) 건강과 안전

① 예방접종

- 생후 24개월까지 주요 예방접종(BCG, DTP, MMR 등)을 완료하여 전염병을 예방한다.

- 국가 예방접종 스케줄을 따라야 한다.

② **안전사고 예방**

- 영아는 탐색 활동이 활발하므로, 안전한 환경을 마련하여 질식, 추락, 화상 등 사고를 예방해야 한다.

③ **수면**

- 생후 초기에는 하루 평균 16~20시간 수면하며, 생후 1년이 지나면서 밤 수면이 길어진다.
- 안정적인 수면 환경을 조성하고, 수면 리듬을 확립하도록 돕는다.

영아기의 건강한 발달은 영아의 전반적인 삶의 질에 중요한 기초를 제공한다. 적절한 양육과 지원, 그리고 건강한 환경을 통해 영아가 신체적, 정서적, 사회적으로 조화롭게 성장할 수 있도록 돕는 것이 필요하다.

3) 영아 건강 관리

(1) 모유 수유

생후 6개월까지는 모유가 영아에게 가장 이상적인 영양 공급원이며, 이후에도 가능한 모유 수유를 지속하는 것이 좋다. 생후 6개월경이 되면 영아는 첫 유치가 나오기 시작하며, 이때 균형 있는 성장을 위해 모유나 우유만으로는 충분하지 않기 때문에 이유식을 섭취하게 된다. 모유는 영아에게 가장 완전한 식품으로, 균형 잡힌 영양을 제공한다. 이를 위해 모유 수유 전문가와 모유교실 등의 프로그램이 운영되어 산모의 모유 수유를 돕고 있다. 직장 생활을 하는 여성들을 위해 모유유축 등 다양한 방법들이 고안되어, 영아에게 모유를 먹일 수 있는 방법이 제공되고 있다. 모유의 대안으로는 철분 강화 조제유를 사용하기도 한다.

'모유 잔혹사'는 2015년 3월 27일 EBS의 환경 다큐멘터리 프로그램 '하나뿐인 지구'에서 방영된 에피소드로, 현대 사회의 환경 오염이 모유에 미치는 영향을 조명했다. 이 다큐멘터리는 30대 초반의 첫 아이를 출산한 여성 5명의 모유를 분석하여, 모든 샘플에서 수은, 납, 카드뮴 등의 중금속과 비스페놀 A와 같은 환경 호르몬이 검출되었음을 밝혔다. 이러한 결과는 일상생활에서의 환경 유해 물질 노출이 모유를 통해 아기에게 전달될 수 있음을 경고하며, 시청자들에게 큰 충격을 주었다.

그러나 방송 이후 일부 시청자들 사이에서 모유 수유에 대한 불안감이 증폭되었고, 이에 대해 유니세프 한국위원회는 모유 수유의 중요성을 강조하며, 모유가 여전히 아기에게 가장 이상적인 영양 공급원임을 재확인했다. 또한, 제작진은 시청자들의 우려에 대해 사과하며, 환경 오염 문제의 심각성을 알리기 위한 의도였음을 밝혔다.

이 다큐멘터리는 환경 오염이 개인의 건강, 특히 가장 순수해야 할 모유에까지 영향을 미친다는 사실을 부각시키며, 환경 보호의 중요성을 다시 한 번 일깨워주는 계기가 되었다.

출처: EBS. (2015.03.27.). EBS '하나뿐인 지구' 모유 잔혹사.

(2) 이유식 도입

생후 6개월 이후부터는 철분 등 영양소 보충을 위해 이유식을 시작하며, 다양한 식감을 경험하도록 한다. 생후 12개월 이전의 고형식 섭취, 즉 이유식은 단순히 영양 보충의 기능을 넘어선다. 다양한 음식을 경험하게 함으로써 영아의 미각 발달을 촉진하고, 음식에 대한 거부감을 완화하며, 나아가 편식 습관을 예방하는 데 중요한 역할을 한다. 이는 골고루 음식을 섭취하는 건강한 식습관 형성의 기초가 된다.

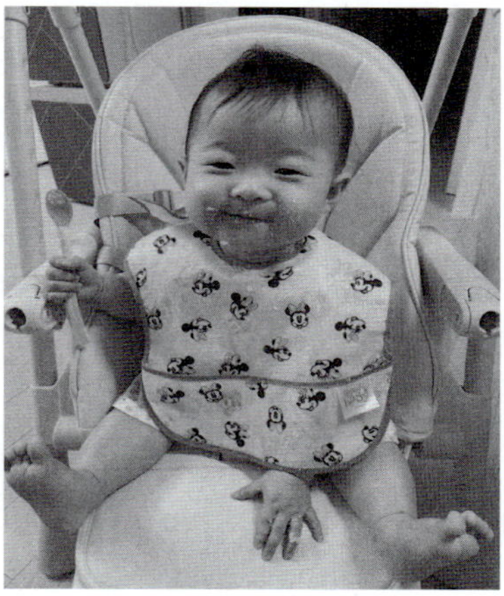

(3) 영아기의 치아 관리

영아의 구강 건강과 전반적인 발달에 매우 중요하다.

① 치아 발육 시기와 특징

- **첫 치아 맹출 시기**: 일반적으로 생후 6개월경에 아래 앞니부터 나오기 시작하지만, 개인차가 있어 4개월에 나거나 돌이 지나서 나오는 경우도 있다.
- **유치의 역할**: 유치는 영구치의 위치를 안내하고, 음식 섭취와 발음 형성에 중요한 역할을 한다.

② 치아 관리 시작 시기

- **첫 치아 맹출 전**: 아직 치아가 나오지 않았더라도, 수유 후에는 깨끗한 거즈나 구강 티슈로 잇몸과 혀를 부드럽게 닦아주는 것이 좋다.
- **첫 치아 맹출 후**: 치아가 나오기 시작하면 부드러운 실리콘 칫솔이나 유아용 칫솔을 사용하여 하루 2회 이상 닦아준다.

③ 올바른 칫솔질 방법

- **칫솔 선택**: 작고 부드러운 유아용 칫솔을 사용한다.
- **치약 사용**: 생후 24개월 이전에는 치약 없이 물로만 닦거나, 불소 함량이 낮은 유아용 치약을 소량(쌀알 크기) 사용한다.
- **양치질 방법**: 치아와 잇몸 경계 부위를 부드럽게 닦아주며, 영아가 스스로 이를 닦을 때에도 부모가 마무리로 꼼꼼히 닦아주는 것이 중요하다.

④ 수유 및 식습관 관리

- **젖병 사용**: 유치가 나기 시작하면 밤중 수유나 젖병 사용을 자제하는 것이 좋다.
- **단 음식 제한**: 사탕, 초콜릿, 주스 등 당분이 많은 음식은 충치를 유발할 수 있으므로 섭취를 제한한다.

⑤ 정기적인 구강 검진

- **첫 치과 방문 시기**: 만 1세 이전에 치과를 방문하여 구강 검진과 적절한 수유 및 식이 상담을 받는 것이 좋다.
- **정기 검진 주기**: 이후 최소 6개월마다 정기적으로 치과를 방문하여 구강 건강 상태를 확인하고, 필요시 불소 도포 등의 예방 조치를 받는다.

⑥ 추가적인 구강 관리 도구

- **치실 사용**: 치아 사이에 음식물이 잘 낀다면 유아용 치실을 사용하여 청결을 유지한다.
- **구강 티슈**: 수유 후 남아 있는 분유나 모유 성분을 제거하기 위해 구강 청결 티슈를 사용하는 것도 도움이 된다.

⑦ 부모의 역할

- **모델링**: 부모가 올바른 구강 위생 습관을 실천하여 영아에게 좋은 본보기가 된다.
- **구강 건강 유지**: 부모의 구강 내 세균이 아이에게 전달될 수 있으므로, 부모도 구강 건강을 철저히 관리해야 한다.

영아기의 치아 관리는 평생 구강 건강의 기초를 다지는 중요한 시기이므로, 부모의 세심한 관심과 올바른 관리 습관이 필요하다.

(4) 예방접종

국가 예방접종 스케줄에 따라 정기적인 접종을 통해 질병을 예방한다.

(5) 수면 패턴

규칙적인 수면 습관을 형성하도록 도와주며, 안전한 수면 환경을 조성한다.

(6) 환경 안전

영아가 움직이기 시작하면, 집안의 위험 요소를 제거하고 안전한 놀이 공간을 마련한다.

(7) 감염 예방

손씻기 등 기본적인 위생 관리를 철저히 하여 감염 위험을 줄인다.

4. 유아 발달과 건강

1) 유아 발달의 주요 특징

유아기(만 2~5세)는 신체적, 인지적, 정서적, 사회적 발달이 활발하게 이루어지는 시기로, 독립성과 자기표현 능력이 증가하는 중요한 시기이다. 유아기는 자율성과 사회성을 발달시키는 중요한 시기이므로, 부모와 교사는 적절한 지지와 격려를 통해 아이가 건강하고 조화롭게 성장할 수 있도록 도와야 한다.

2) 유아 발달과 건강

(1) 신체 발달과 건강

① 신체 성장

- 키와 체중이 꾸준히 증가한다.
- 체지방 비율이 줄어들며 날씬한 체형으로 변화한다.

② 운동 발달

- **대근육 운동**: 걷기, 달리기, 점프, 공 던지기 등 활동 능력이 향상된다.
- **소근육 운동**: 그림 그리기, 블록 쌓기, 가위 사용 등 정교한 손 조작 능력이 발달한다.
- 활발한 신체 활동을 통해 근육과 골격이 강화된다.

③ 영양

- 성장과 발달에 필요한 에너지를 충족하기 위해 균형 잡힌 식단이 중요하다.
- 칼슘, 단백질, 비타민 등 필수 영양소를 포함한 음식을 제공해야 하며, 편식을 방지하려는 노력이 필요하다.

④ 수면

- 유아는 하루 약 10~13시간의 수면이 필요하며, 수면 중 성장호르몬이 분비되어 신체 발달을 돕는다.
- 규칙적인 수면 습관 형성이 중요하다.

⑤ 질병 예방

- 예방접종을 통해 전염병에 대한 면역력을 형성한다.
- 손씻기와 같은 위생 습관을 가르쳐 질병을 예방한다.

⑥ 안전사고 예방

- 활동량과 호기심이 증가하는 시기이므로, 안전한 환경을 마련하고 사고를 예방하는 지도가 필요하다.

(2) 인지 발달과 건강

① 사고와 학습

- 피아제의 전조작기 단계에 해당하며, 상징적 사고가 발달하여 상상놀이와 역할 놀이가 활발하다.
- 자기중심적 사고를 하며 타인의 관점을 이해하는 데 어려움이 있을 수 있다.

② 언어 발달

- 어휘가 급격히 증가하며 문장을 구사하는 능력이 발달한다.
- 질문을 통해 세상을 탐구하며, 언어 자극(책 읽기, 대화)이 인지 발달을 촉진한다.

③ 문제 해결 능력

- 간단한 문제를 해결하고, 규칙을 이해하며 기억 능력이 발달한다.

(3) 정서 발달과 건강

① 자기 인식과 감정 조절

- 자신을 인식하며 자아존중감이 발달한다.
- 감정을 표현하는 능력이 증가하지만, 감정 조절 능력은 미숙하므로 부모와 양육자의 지도가 필요하다.

② 공감 능력

- 타인의 감정을 이해하고 공감하려는 초기 단계가 나타난다.

③ 자율성과 독립성

- 스스로 하려는 욕구가 강해지며, 성공 경험은 자율성을 높이고 실패는 좌절감을 유발할 수 있다.

(4) 사회성 발달과 건강

① 또래 관계

- 친구들과의 놀이를 통해 협력, 공유, 타협 등의 사회적 기술을 학습한다.
- 놀이를 통해 규칙과 역할을 이해하며 사회성을 발전시킨다.

② 가족과의 관계

- 부모와의 관계에서 안정감을 얻고, 가족 구성원과의 상호작용을 통해 사회적 규범을 배운다.

③ 도덕성의 기초

- 옳고 그름에 대한 개념이 생기며, 행동의 결과를 통해 도덕적 판단을 시작한다.

유아기는 신체, 인지, 정서, 사회성 등 모든 발달 영역에서 중요한 변화를 겪는 시기로, 부모와 양육자가 유아의 발달 단계를 이해하고 적절히 지원하는 것이 필요하다. 균형 잡힌 영양, 충분한 수면, 안전한 환경, 그리고 따뜻한 돌봄을 통해 유아가 건강하고 조화롭게 성장할 수 있도록 도와야 한다.

3) 유아 건강 관리

(1) 발달 속도의 감소와 꾸준한 신체 성장

유아기는 지속적으로 성장하지만, 영아기처럼 급격한 신체 발달이 이루어지지 않으므로 식욕이 감소하고 편식 성향이 증가할 수 있다. 이러한 현상을 '음식 네오포비아(Food Neophobia)'라고 하며, 이는 새로운 음식에 대한 거부 반응을 특징으로 한다.

- 지나친 걱정과 강조는 오히려 식사 시간이 괴로운 시간으로 인식되기 쉽다.
- 잘못된 협상은 잘못된 인식을 초래할 수 있다. 예를 들어, "밥 먹으면 ○○ 줄게", "밥 한 숟가락 먹으면 TV 보게 해줄게"와 같은 협상은 아이에게 밥을 먹는 것이 자신의 건강을 위한 것이 아니라, 부모를 위해 선심을 쓰는 것처럼 인식하게 할 수 있다.
- 달고 자극적인 음식의 섭취는 중독적일 수 있으므로 피하는 것이 좋다.
- 식사량에 대해 지나치게 신경 쓰기보다는, "배고프면 얘기해 줘"라고 유아에게 말하는 것이 좋다. 유아의 위는 성인의 절반 정도 크기이므로, 과도한 양을 강요하지 않는 것이 중요하다.
- 푸드 브릿지(Food Bridge)를 통해 새로운 음식을 자연스럽게 연결하여 도입하는 것이 바람직하다.

출처: 황현주(2016). 아이의 마음속으로 떠나는 여행.

영유아의 편식과 관련된 이해와 대처 방안

■ 미뢰세포(Microvilli Cells)란?

• 혀의 표면에 분포한 미뢰세포는 맛을 감지하는 감각 기관으로, 단맛, 짠맛, 쓴맛, 신맛, 감칠맛 등 다양한 맛을 인식한다.

• 영유아기 특징

– 영유아는 미뢰세포가 성인보다 더 발달되어 있어 맛 감각이 민감하다.

– 특히 쓴맛과 신맛에 대한 민감성이 강해 채소와 같은 쓴맛이 나는 음식을 거부하는 경향이 있다.

– 또한 단맛과 고소한 맛에 더 끌리기 때문에 탄수화물과 당이 높은 음식에 선호도가 높다.

■ 음식물 네오포비아(Food Neophobia)란?

• 음식물 네오포비아는 새로운 음식이나 낯선 음식을 먹기를 꺼리는 심리적 반응이다.

• 이는 생존 본능으로부터 유래된 행동으로, 유아기 동안 강하게 나타나며 2~6세 사이에 가장 두드러진다.

• 영유아기 특징

– 영유아는 익숙하지 않은 음식에 대해 두려움과 거부 반응을 보이며, 이를 극복하는 데 시간이 필요하다.

– 예시: 채소, 해산물 등 식재료가 익숙하지 않거나 시각적 · 냄새적 자극이 강한 경우 편식 행동이 발생할 수 있다.

■ 영유아의 편식, 미뢰세포, 음식물 네오포비아

• 편식과 미뢰세포의 영향

– 영유아는 혀의 미뢰세포가 매우 발달해 있어 쓴맛과 신맛에 민감하게 반응하며 이를 본능적으로 거부한다.

– 이는 채소류, 쓴맛이 나는 과일, 신맛이 강한 유제품을 싫어하게 만들며, 편식 행동으로 이어진다.

• 편식과 음식물 네오포비아
 - 새로운 음식에 대한 두려움(음식물 네오포비아)으로 인해 익숙하지 않은 음식을 시도하려 하지 않으며, 새로운 식사를 거부한다.
 - 부모와 교사 반응: 새로운 음식에 대한 지속적인 노출과 긍정적인 경험을 통해 점진적으로 익숙해질 수 있도록 도와야 한다.

• 편식 행동의 조절 방안
 - 음식 탐색 기회 제공: 다양한 색깔과 질감의 음식 체험 기회를 제공해 거부감을 줄여야 한다.
 - 단계적 노출: 새로운 음식을 소량 제공하고 점진적으로 양을 늘려 익숙해지도록 유도한다.
 - 긍정적 경험 제공: 친구들과 함께 식사하거나 부모가 건강한 식습관을 보여주는 것도 좋은 대처 방안이다.

■ **결론**

영유아의 편식 행동은 혀의 미뢰세포의 민감성과 음식물 네오포비아의 심리적 반응이 결합된 결과로 볼 수 있다. 이 시기의 편식은 발달적 특성이므로, 강압적 지도보다는 긍정적 경험 제공과 반복적 노출을 통해 점진적으로 해결할 수 있다.

(2) 유아기와 비만의 시작(지방 세포 결정)

유아기는 비만이 시작되는 시기이며, 지방 세포의 수가 결정되는 중요한 단계이다.

• 유아기에는 신체 성장과 식습관의 개인차가 더 두드러지기 때문에 비만이 시작될 수 있다.
• 유아 비만의 심각성은 성인기까지 연결될 수 있으며, 실제로 유아 비만의 25%가 비만으로 이어지고, 청소년 비만의 75%는 성인이 된 후에도 비만이 되는 것으로 나타났다.
• 비만 유아는 지방간 콜레스테롤 증가와 같은 성인병에 걸릴 확률이 높으며, 우울증과 낮은 자아존중감을 가지게 될 위험도 높다.

(3) 유아기 당 섭취

- WHO(세계보건기구)의 권장 기준에 따르면, 하루 총 섭취 칼로리의 5%를 넘지 않는 당 섭취가 권장된다.
- 예를 들어, 2000칼로리를 섭취하는 경우, 당 섭취량은 25g 이하로 제한해야 한다. 이는 각설탕 6개 정도(각설탕 1개당 약 4g)에 해당한다.
- 시중에서 판매되는 커피 우유에는 약 25g의 당이 포함되어 있어 주의가 필요하다.
- 과도한 당 섭취는 뇌 손상, 학습 능력 저하, 기억력 손상, 우울증, 비만 등의 문제를 일으킬 수 있다.

(4) 충분한 휴식과 수면

- 유아가 신체적 필요와 요구를 무시하고 계속해서 활동에 몰입하게 되면 쉽게 지치고, 주의가 산만해지며, 과잉 활동성이나 비활동성 등의 문제 행동을 보일 수 있다.
- 부모나 교사는 유아가 활동 중간에 충분히 쉬는 시간을 가질 수 있도록 지도할 필요가 있다.
- 만 3세 유아의 경우, 낮잠은 하루 평균 1회 미만이며, 만 4세 이상의 유아는 대부분 낮잠을 자지 않기 때문에 낮잠을 강요하기보다는 활동을

중지하고 편안하게 휴식을 취할 수 있도록 도와주는 것이 중요하다.

(5) 유아기의 건강 습관

유아에게는 스스로 자신의 신체, 의복, 물건, 주변 환경을 깨끗이 하는 생활 습관을 길러 줄 필요가 있다. 다양한 안전사고의 위험이 존재하며, 유아는 또래 집단의 영향을 쉽게 받으며, 모방 욕구가 강해지기 때문에 위험한 상황을 제대로 인식하지 못하고 신체 조절 능력과 판단력이 미숙하여 우발적인 사고를 일으킬 수 있다. 따라서 부모나 교사의 각별한 주의와 함께 유아를 대상으로 한 사전 안전 교육이 필수적이다. 손씻기, 양치질, 의복 관리 등 유아가 스스로 청결을 유지할 수 있는 기본 생활 습관을 적절히 길러 주는 것이 중요하다.

생각해보기

■ 태내기, 신생아기, 영아기, 유아기 중 하나의 시기를 선택하고, 해당 시기와 관련된 건강 문제를 신문이나 뉴스에서 조사한 뒤, 이를 해당 시기의 발달 특징과 연계하여 체계적으로 정리해 보세요.

예

1. 시기 선정: 영아기
2. 특징
3. 관련 뉴스: '10도 초과' 경사진 영아 수면용품 주의…"질식 우려" | KBS 뉴스
4. 영아기의 특징과 연결하여 다음과 같은 건강상의 문제를 경험했을 것이라 보인다.

시기 선정	
관련 뉴스	
발달 특징과 연계하여 정리	

Chapter 3

교육과정과 건강교육

우리나라 어린이집과 유치원에서는 국가 수준의 보육과정과 교육과정에 근거하여 운영하고 있다. 따라서 어린이집과 유치원에서 영유아의 건강교육 지도를 하기 위해서는 먼저 국가 수준의 보육과정과 교육과정을 살펴볼 필요가 있다. 본 장에서는 국가 수준의 보육과정과 교육과정에서 건강교육과 관련된 내용은 어떠한 것들이 있는지를, 특히 현재 어린이집과 유치원에서 시행되고 있는 '제4차 어린이집 표준보육과정'과 '2019 개정 누리과정'의 내용을 중심으로 살펴보고자 한다.

1. 표준보육과정
2. 누리과정

들어가기

■ '제4차 어린이집 표준보육과정'과 '2019 개정 누리과정'의 영역 중 건강교육과 관련된 내용을 포함하고 있는 영역과 내용범주를 찾아보세요. (p.76~p.86 '제4차 어린이집 표준보육과정'과 '2019 개정 누리과정'의 영역별 목표 및 내용을 참고)

제4차 어린이집 표준보육과정	
영역	내용범주

2019 개정 누리과정	
영역	내용범주

1. 표준보육과정

어린이집 표준보육과정은 0~5세 영유아를 위한 국가 수준의 보육과정이다. 영유아보육법 제29조(보육과정)에 의하면 보육과정은 영유아의 신체 · 정서 · 언어 · 사회성 및 인지적 발달을 도모할 수 있는 내용을 포함하여야 하며, 어린이집 원장은 표준보육과정에 따라 영유아를 보육하도록 노력하여야 한다.

2020년 9월에 개정된 「제4차 어린이집 표준보육과정」의 목적은 영유아가 놀이를 통해 심신의 건강과 조화로운 발달을 이루고 바른 인성과 민주 시민의 기초를 형성하는 데에 있다. 그리고 표준보육과정의 추구하는 인간상은 건강한 사람, 자주적인 사람, 창의적인 사람, 감성이 풍부한 사람, 더불어 사는 사람이다. 이 중 '건강한 사람'은 몸과 마음이 고루 발달하고 스스로 건강함을 유지하며 안정적이고 안전한 생활을 하는 사람을 의미한다. 표준보육과정은 영유아가 튼튼한 몸과 안정된 정서를 바탕으로 자신을 소중히 여기며, 일상에서 건강한 생활을 실천하고, 위험한 상황에서 자신을 보호하는 경험을 통해 건강한 사람으로 성장해 갈 수 있도록 돕는다(보건복지부, 2020).

「제4차 어린이집 표준보육과정」은 0~1세 보육과정, 2세 보육과정, 3~5세 보육과정(누리과정)으로 구성되어 있다. 0~1세 보육과정과 2세 보육과정은 기본생활, 신체운동, 의사소통, 사회관계, 예술경험, 자연탐구의 6개 영역을 중심으로 구성되어 있다. 또한 3~5세 보육과정(누리과정)은 신체운동 · 건강, 의사소통, 사회관계, 예술경험, 자연탐구의 5개 영역을 중심으로 구성되어 있다. 이 중 영유아 건강교육과 관련된 내용을 포함하고 있는 영역은 0~1세와 2세 보육과정의 기본생활영역과 3~5세 보육과정(누리과정)의 신체운동 · 건강 영역이다.

「제4차 어린이집 표준보육과정(보건복지부, 2020)」의 내용 중 0~1세 보육과정과 2세 보육과정의 내용을 중심으로 건강교육과 관련된 영역의 내용을 살펴보고자 한다.

1) 0~1세 보육과정

0~1세 보육과정 6개 영역 중 건강교육과 관련된 내용을 포함하고 있는 영역은 '기본생활영역'이다. '기본생활영역'의 목표는 0~1세 영아가 건강하고 안전한 일상생활을 자연스럽게 경험하는 것이다. 즉, '기본생활영역'은 0~1세 영아가 신체의 청결과 위생, 수유 및 이유식 등의 식사, 편안한 휴식과 배변을 통해 건강한 생활을 경험하며 놀이를 하고 교통수단을 이용하는 등 일상에서 안전한 생활을 경험하는 것을 목표로 한다. 0~1세 기본생활영역의 내용범주는 건강하게 생활하기, 안전하게 생활하기이며, 그 내용은 〈표 3-1〉과 같다. 이 중 건강교육과 관련된 내용범주는 '건강하게 생활하기'이다.

〈표 3-1〉 0~1세 보육과정의 '기본생활영역'

내용범주	내용
건강하게 생활하기	**• 도움을 받아 몸을 깨끗이 한다.** **• 음식을 즐겁게 먹는다.** **• 하루 일과를 편안하게 경험한다.** **• 배변 의사를 표현한다.**
안전하게 생활하기	• 안전한 상황에서 놀이하고 생활한다. • 안전한 상황에서 교통수단을 이용해 본다. • 위험하다는 말에 주의한다.

'건강하게 생활하기' 내용범주에 대한 내용을 제4차 어린이집 표준보육과정 해설서(보건복지부, 2020)를 중심으로 살펴보면 다음과 같다.

'건강하게 생활하기'는 영아가 신체의 청결과 위생, 즐거운 식사, 편안한 수면, 휴식과 배변경험 등을 통해 건강한 일상생활을 경험하는 내용이다. '건강하게 생활하기' 내용범주에 포함되는 내용은 '도움을 받아 몸을 깨끗이 한다', '음식을 즐겁게 먹는다', '하루 일과를 편안하게 경험한다', '배변 의사를 표현한다'이다.

'도움을 받아 몸을 깨끗이 한다'는 0~1세 영아가 몸을 깨끗이 할 때의 기분 좋음을 경험하며 위생과 청결에 대한 기본적인 감각을 기르는 것으로 교사의 도움을 받아 손과 몸을 씻고 이를 닦는 경험을 하는 내용이다. 따라서 교사는 영아가 이러한 내용을 경험할 수 있도록 다음과 같은 지원을 해야 할 것이다.

- 영아가 편안하고 즐겁게 양치를 경험할 수 있도록 화장실에 의자를 비치하거나, 동시에 양치질을 하는 영아의 수를 조절하면서 충분한 공간을 확보한다.
- 양치질, 손씻기 순서와 관련된 사진이나 그림을 세면대 거울에 붙여두어 영아가 관심을 가질 수 있도록 한다.
- 몸을 씻는 데 사용하는 용품을 놀이자료로 준비하여 영아가 자신의 경험을 놀이로 표현할 수 있도록 한다.
- 영아들과 함께 양치를 하며, 이닦기의 올바른 방법을 자연스럽게 모델링하고 즐길 수 있도록 한다.

'음식을 즐겁게 먹는다'는 0~1세 영아가 먹는 것에 대한 즐거움을 알고, 수유-이유식-고형식 등 다양한 음식을 섭취하는 과정을 즐겁게 경험하는 내용이다. 따라서 교사는 영아가 이러한 내용을 경험할 수 있도록 다음과 같은 지원을 해야 할 것이다.

- 수유-이유식-고형식 단계의 영아 각각에게 필요한 식사환경을 준비해 준다.
- 교사가 먹여주는 숟가락과 영아의 손에 쥐어주는 숟가락을 함께 준비하여 스스로 먹는 것에 관심을 가질 수 있도록 한다.
- 영아가 먹는 속도를 조절하고, 스스로 먹으려고 하는 시도를 격려한다.

'하루 일과를 편안하게 경험한다'는 0~1세 영아가 어린이집에서의 수면, 휴식, 놀이 등의 일과를 건강하고 편안하게 경험하는 내용이다. 따라서 교사는 영아가 이러한 내용을 경험할 수 있도록 다음과 같은 지원을 해야 할 것이다.

- 영아의 몸상태, 행동 등을 잘 관찰하여 하루 일과 중 언제든지 쉴 수 있도록 한다.
- 불을 끄거나 커튼을 쳐서 영아가 편하게 쉴 수 있도록 한다.
- 편안하고 안락하게 쉴 수 있는 공간을 마련하고, 심리적 안정을 찾을 수 있는 애착물을 준비한다.

'배변 의사를 표현하다'는 0~1세 영아가 대소변의 마려움을 인식하고 배변 의사를 나타낼 수 있도록 하여 배변훈련을 준비하는 내용이다. 따라서 교사는 영아가 이러한 내용을 경험할 수 있도록 다음과 같은 지원을 해야 할 것이다.

- 배변훈련에 관심을 가질 수 있는 책과 놀잇감을 준비한다.
- 영아의 배변의사 표현을 민감하게 알아차린다.

2) 2세 보육과정

2세 보육과정 6개 영역 중 건강교육과 관련된 내용을 포함하고 있는 영역은 '기본생활영역'이다. '기본생활영역'의 목표는 2세 영아가 건강하고 안전한 생활습관의 기초를 형성하는 것이다. 즉, 2세 영아가 신체의 청결과 위생, 즐거운 식사, 배변습관의 형성, 안전한 놀이와 생활, 위험한 상황에서의 대처 등 일상생활에서 건강하고 안전한 생활습관의 기초를 형성하는 것을 목표로 한다. 2세 신체운동영역의 내용범주는 건강하게 생활하기, 안전하게 생활하기이며, 그 내용은 〈표 3-2〉와 같다. 이 중 건강교육과 관련된 내용범주는 '건강하게 생활하기'이다.

〈표 3-2〉 2세 보육과정의 '기본생활영역'

내용범주	내용
건강하게 생활하기	**• 자신의 몸을 깨끗이 해 본다.** **• 음식에 관심을 가지고 즐겁게 먹는다.** **• 하루 일과를 즐겁게 경험한다.** **• 건강한 배변 습관을 갖는다.**
안전하게 생활하기	• 일상에서 안전하게 놀이하고 생활한다. • 교통수단을 안전하게 이용해 본다. • 위험한 상황에 대처하는 방법을 경험한다.

'건강하게 생활하기' 내용범주에 대한 내용을 제4차 어린이집 표준보육과정 해설서(보건복지부, 2020)를 중심으로 살펴보면 다음과 같다.

'건강하게 생활하기'는 영아가 신체의 청결과 위생, 급간식, 배변습관의 형성, 즐거운 하루 일과 등을 통해 건강한 생활습관의 기초를 형성하는 내용이다. '건강하게 생활하기' 내용범주에 포함되는 내용은 '자신의 몸을 깨끗이 해 본다', '음식에 관심을 가지고 즐겁게 먹는다', '하루 일과를 즐겁게 경험한다', '건강한 배변 습관을 갖는다'이다.

'자신의 몸을 깨끗이 해 본다'는 2세 영아가 스스로 손과 몸 씻기 및 이닦기 등을 시도하고 경험하며, 위생적이고 청결한 생활습관의 기초를 형성하는 내용이다. 따라서 교사는 영아가 이러한 내용을 경험할 수 있도록 다음과 같은 지원을 해야 할 것이다.

- 영아가 안전하게 손씻기와 이닦기를 할 수 있도록 한 번에 씻을 수 있는 인원을 제한한다.
- 영아가 올바르게 손을 씻을 수 있도록 세면대 주변에 손 씻는 방법과 순서를 붙여둔다.

'음식에 관심을 가지고 즐겁게 먹는다'는 2세 영아가 위생적인 환경에서 다른 사람과 더불어 다양한 음식을 즐기며, 건강한 식사 습관의 기초를 형성하는 내용이다. 따라서 교사는 영아가 이러한 내용을 경험할 수 있도록 다음과 같은 지원을 해야 할 것이다.

- 메뉴를 소개하여 영아들이 즐겁게 음식을 먹을 수 있도록 한다.
- 영아들이 다양한 음식의 맛과 향, 질감을 접할 수 있도록 한다.
- 영아들이 식사도구를 적절하게 사용할 수 있도록 한다.

'하루 일과를 즐겁게 경험한다'는 2세 영아가 놀이, 휴식 및 수면, 식사 등 어린이집의 규칙적인 일과 속에서 즐겁게 생활하고, 일과 중 옷을 입고 신발을 신는 등의 자조기술을 시도하며 자율감을 경험하는 내용이다. 따라서 교사는 영아가 이러한 내용을 경험할 수 있도록 다음과 같은 지원을 해야 할 것이다.

- 영아가 옷입기, 양말신기, 신발신기 등의 자조기술을 익히고 스스로 시도할 수 있도록 기다려준다.
- 영아가 쉽게 자신의 옷, 양말, 신발 등을 정리하거나 찾을 수 있도록 개별적인 옷걸이와 공간을 준비한다.
- 영아가 놀이를 하며 자조기술을 익힐 수 있도록 역할 놀이 소품 등을 준비한다.

'건강한 배변 습관을 갖는다'는 2세 영아가 배변과 관련된 신체 조절능력 발달을 바탕으로 즐겁게 배변훈련을 시도하고 경험해 보도록 함으로써 건강하고 자율적인 배변습관을 형성하는 내용이다. 따라서 교사는 영아가 이러한 내용을 경험할 수 있도록 다음과 같은 지원을 해야 할 것이다.

- 영아가 변기를 포함하여 화장실 공간에 친숙해질 수 있도록 한다.
- 영아가 변기에 배변하려는 시도를 격려해 준다.

2. 누리과정

누리과정은 3~5세 유아를 위한 국가 수준의 공통 교육과정이다(교육부, 2019).

2019 개정 누리과정 5개 영역 중 건강교육과 관련된 내용을 포함하고 있는 영역은 '신체운동 · 건강영역'이다. '신체운동 · 건강영역'의 목표는 실내외에서 신체활동을 즐기고, 건강하고 안전한 생활을 하는 것이다. 신체운동 · 건강영역의 내용범주는 신체활동 즐기기, 건강하게 생활하기, 안전하게 생활하기이며, 그 내용은 〈표 3-3〉과 같다. 이 중 건강교육과 관련된 내용을 포함하고 있는 내용범주는 '건강하게 생활하기'이다.

〈표 3-3〉 2019 개정 누리과정 '신체운동 · 건강영역'

내용범주	내용
신체활동 즐기기	• 신체를 인식하고 움직인다. • 신체 움직임을 조절한다. • 기초적인 이동운동, 제자리 운동, 도구를 이용한 운동을 한다. • 실내외 신체활동에 자발적으로 참여한다.
건강하게 생활하기	**• 자신의 몸과 주변을 깨끗이 한다.** **• 몸에 좋은 음식에 관심을 가지고 바른 태도로 즐겁게 먹는다.** **• 하루 일과에서 적당한 휴식을 취한다.** **• 질병을 예방하는 방법을 알고 실천한다.**
안전하게 생활하기	• 일상에서 안전하게 놀이하고 생활한다. • TV, 컴퓨터, 스마트폰 등을 바르게 사용한다. • 교통안전 규칙을 지킨다. • 안전사고, 화재, 재난, 학대, 유괴 등에 대처하는 방법을 경험한다.

'건강하게 생활하기' 내용범주에 대한 내용을 2019 개정 누리과정 해설서(교육부, 2019)를 중심으로 살펴보면 다음과 같다.

'건강하게 생활하기'는 유아가 스스로 몸과 주변을 깨끗이 하고, 즐겁게 식사하며, 자신의 신체 리듬에 맞게 휴식을 취하고, 질병을 예방하는 다양한 방법을 실천하는 내용이다. '건강하게 생활하기' 내용범주에 포함되는 내용은 '자신의 몸과 주변을 깨끗이 한다', '몸에 좋은 음식에 관심을 가지고 바른 태도로 즐겁게 먹는다', '하루 일과에서 적당한 휴식을 취한다', '질병을 예방하는 방법을 알고 실천한다'이다.

'자신의 몸과 주변을 깨끗이 한다'는 유아가 손을 씻고 이를 닦는 등 몸을 깨끗이 하는 적절한 방법을 알고 실천하며, 자기 주변을 깨끗하게 정리정돈하는 내용이다. 따라서 교사는 유아가 이러한 내용을 경험할 수 있도록 다음과 같은 지원을 해야 할 것이다.

- 유아가 실외놀이와 음식 먹기 전, 화장실 다녀온 후 손을 올바른 방법으로 씻을 수 있도록 한다.
- 유아가 음식을 먹고 난후 이를 깨끗하게 닦을 수 있도록 한다.
- 유아가 자신이 사용한 물건을 깨끗하게 정리정돈할 수 있도록 한다.

'몸에 좋은 음식에 관심을 가지고 바른 태도로 즐겁게 먹는다'는 유아가 몸을 건강하게 하는 음식에 관심을 가지고, 음식을 소중히 여기며, 제자리에 앉아서 골고루 즐겁게 먹는 내용이다. 따라서 교사는 유아가 이러한 내용을 경험할 수 있도록 다음과 같은 지원을 해야 할 것이다.

- 유아가 놀이와 활동을 통해 몸을 건강하게 하는 음식에 관심을 가질 수 있도록 한다.
- 유아가 제자리에 앉아서 바른 태도로 음식을 골고루 즐겁게 먹을 수 있도록 한다.

'하루 일과에서 적당한 휴식을 취한다'는 유아가 피곤하거나, 몸이 아프거나, 몸을 많이 움직여서 쉬고 싶을 때, 적절한 휴식을 취하는 내용이다. 따라서 교사는 유아가 이러한 내용을 경험할 수 있도록 다음과 같은 지원을 해야 할 것이다.

- 유아가 몸이 아프거나 쉬고 싶을 때 적절한 휴식을 할 수 있는 공간을 마련한다.
- 하루 일과를 계획하고 운영하는 데 있어 유아들이 적절한 휴식을 취할 수 있는 시간적 여유를 가진다.

'질병을 예방하는 방법을 알고 실천한다'는 유아가 질병의 위험으로부터 건강을 유지할 수 있는 다양한 생활 방식(몸을 청결히 하기, 날씨와 상황에 알맞은 옷 입기, 찬 음식 적당히 먹기, 정해진 시간에 자고 일어나기, 따뜻한 물 마시기 등)을 경험하는 내용이다. 따라서 교사는 유아가 이러한 내용을 경험할 수 있도록 다음과 같은 지원을 해야 할 것이다.

- 다양한 놀이와 활동을 통해 유아들이 질병을 예방하는 방법에 대해 알고 관심을 가질 수 있도록 한다.
- 유아들이 올바른 생활습관을 가질 수 있도록 한다.

제4차 어린이집 표준보육과정

0~1세 영역별 목표 및 내용

Ⅰ. 기본생활

1. 목표

건강하고 안전한 일상생활을 경험한다.

1) 건강한 일상생활을 경험한다.

2) 안전한 일상생활을 경험한다.

2. 내용

내용범주	내용
건강하게 생활하기	• 도움을 받아 몸을 깨끗이 한다. • 음식을 즐겁게 먹는다. • 하루 일과를 편안하게 경험한다. • 배변 의사를 표현한다.
안전하게 생활하기	• 안전한 상황에서 놀이하고 생활한다. • 안전한 상황에서 교통수단을 이용해 본다. • 위험하다는 말에 주의한다.

Ⅱ. 신체운동

1. 목표

감각으로 탐색하고 신체활동을 즐긴다.

1) 감각 탐색을 즐긴다.

2) 신체활동을 즐겁게 경험한다.

2. 내용

내용범주	내용
감각과 신체 인식하기	• 감각적 자극에 반응한다. • 감각으로 주변을 탐색한다. • 신체를 탐색한다.
신체활동 즐기기	• 대소근육을 조절한다. • 기본 운동을 시도한다. • 실내외 신체활동을 즐긴다.

Ⅲ. 의사소통

1. 목표

의사소통 능력의 기초를 형성한다.

1) 일상생활에서 듣고 말하기를 즐긴다.
2) 읽기와 쓰기에 관련된 관심을 가진다.
3) 책과 이야기에 관심을 가진다.

2. 내용

내용범주	내용
듣기와 말하기	• 표정, 몸짓, 말과 주변의 소리에 관심을 갖고 듣는다. • 상대방의 이야기를 들으면서 말소리를 낸다. • 표정, 몸짓, 말소리로 의사를 표현한다.
읽기와 쓰기에 관심 가지기	• 주변의 그림과 상징에 관심을 가진다. • 끼적이기에 관심을 가진다.
책과 이야기 즐기기	• 책에 관심을 가진다. • 이야기에 관심을 가진다.

Ⅳ. 사회관계

1. 목표

나를 인식하고, 친숙한 사람과 관계를 맺는다.

1) 나를 고유한 존재로 안다.
2) 안정적인 애착을 형성하고, 또래, 교사와 함께 지낸다.

2. 내용

내용범주	내용
나를 알고 존중하기	• 나를 인식한다. • 나의 욕구와 감정을 나타낸다. • 나와 친숙한 것을 안다.
더불어 생활하기	• 안정적인 애착을 형성한다. • 또래에게 관심을 가진다. • 다른 사람의 감정과 행동에 관심을 가진다. • 반에서 편안하게 지낸다.

Ⅴ. 예술경험

1. 목표

아름다움을 느끼고 경험한다.

1) 자연과 생활에서 아름다움에 관심을 가진다.
2) 예술적 경험을 표현한다.

2. 내용

내용범주	내용
아름다움 찾아보기	• 자연과 생활에서 아름다움을 느낀다. • 아름다움에 관심을 가진다.
창의적으로 표현하기	• 소리와 리듬, 노래로 표현한다. • 감각을 통해 미술을 경험한다. • 모방 행동을 즐긴다.

Ⅵ. 자연탐구

1. 목표

주변 환경과 자연에 관심을 가진다.

1) 일상에서 탐색을 즐긴다.
2) 주변 환경을 탐색한다.
3) 생명과 자연에 관심을 가진다.

2. 내용

내용범주	내용
탐구 과정 즐기기	• 주변 세계와 자연에 대해 호기심을 가진다. • 사물과 자연 탐색하기를 즐긴다.
생활 속에서 탐구하기	• 친숙한 물체를 감각으로 탐색한다. • 물체의 수량에 관심을 가진다. • 주변 공간과 모양을 탐색한다. • 규칙성을 경험한다.
자연과 더불어 살기	• 주변의 동식물에 관심을 가진다. • 날씨의 변화를 감각으로 느낀다.

2세 영역별 목표 및 내용

Ⅰ. 기본생활

1. 목표

건강하고 안전한 생활습관의 기초를 형성한다.

1) 건강한 생활습관의 기초를 형성한다.

2) 안전한 생활습관의 기초를 형성한다.

2. 내용

내용범주	내용
건강하게 생활하기	• 자신의 몸을 깨끗이 해 본다. • 음식에 관심을 가지고 즐겁게 먹는다. • 하루 일과를 즐겁게 경험한다. • 건강한 배변 습관을 갖는다.
안전하게 생활하기	• 일상에서 안전하게 놀이하고 생활한다. • 교통수단을 안전하게 이용해 본다. • 위험한 상황에 대처하는 방법을 경험한다.

Ⅱ. 신체운동

1. 목표

감각을 활용하고, 신체활동을 즐긴다.

1) 감각을 활용하고, 신체를 인식한다.

2) 신체활동을 즐긴다.

2. 내용

내용범주	내용
감각과 신체 인식하기	• 감각 능력을 활용한다. • 신체를 인식하고 움직인다.
신체활동 즐기기	• 대소근육을 조절한다. • 기본 운동을 즐긴다. • 실내외 신체활동을 즐긴다.

Ⅲ. 의사소통

1. 목표

의사소통 능력과 상상력의 기초를 형성한다.

1) 일상생활에서 듣기와 말하기를 즐긴다.
2) 읽기와 쓰기에 관심을 가진다.
3) 책과 이야기에 재미를 느낀다.

2. 내용

내용범주	내용
듣기와 말하기	• 표정, 몸짓, 말에 관심을 갖고 듣는다. • 상대방의 이야기를 듣고 말한다. • 표정, 몸짓, 단어로 의사를 표현한다. • 자신의 요구와 느낌을 말한다.
읽기와 쓰기에 관심 가지기	• 주변의 그림과 상징, 글자에 관심을 가진다. • 끼적이며 표현하기를 즐긴다.
책과 이야기 즐기기	• 책에 관심을 가지고 상상한다. • 말놀이와 이야기에 재미를 느낀다.

Ⅳ. 사회관계

1. 목표

나를 알고, 다른 사람과 더불어 생활하는 경험을 한다.

1) 나를 알고 긍정적으로 여긴다.
2) 다른 사람과 즐겁게 지내기 위한 태도를 기른다.

2. 내용

내용범주	내용
나를 알고 존중하기	• 나와 다른 사람을 구별한다. • 나의 감정을 표현한다. • 내가 좋아하는 것을 한다.
더불어 생활하기	• 가족에게 관심을 가진다. • 또래와 함께 놀이한다. • 다른 사람의 감정과 행동에 반응한다. • 반에서의 규칙과 약속을 알고 지킨다.

V. 예술경험

1. 목표

아름다움을 느끼고 즐긴다.

1) 자연과 생활에서 아름다움을 느끼고 관심을 가진다.
2) 예술을 통해 자유롭게 표현한다.

2. 내용

내용범주	내용
아름다움 찾아보기	• 자연과 생활에서 아름다움을 느끼고 즐긴다. • 아름다움에 관심을 갖고 찾아본다.
창의적으로 표현하기	• 익숙한 노래와 리듬을 표현한다. • 움직임과 춤으로 자유롭게 표현한다. • 미술 재료와 도구로 표현해 본다. • 일상생활 경험을 상상놀이로 표현한다.

VI. 자연탐구

1. 목표

주변 환경과 자연을 탐색하는 과정을 즐긴다.

1) 일상에서 탐색하는 과정을 즐긴다.
2) 주변 환경에 관심을 가지고 탐색한다.
3) 생명과 자연에 관심을 가진다.

2. 내용

내용범주	내용
탐구 과정 즐기기	• 주변 세계와 자연에 대해 호기심을 가진다. • 사물과 자연을 반복하여 탐색하기를 즐긴다.
생활 속에서 탐구하기	• 친숙한 물체의 특성과 변화를 감각으로 탐색한다. • 물체의 수량에 관심을 가진다. • 주변 공간과 모양을 탐색한다. • 규칙성에 관심을 가진다. • 주변 사물을 같고 다름에 따라 구분한다. • 생활 도구에 관심을 가진다.
자연과 더불어 살기	• 주변의 동식물에 관심을 가진다. • 날씨와 계절의 변화를 감각으로 느낀다.

2019 개정 누리과정

Ⅰ. 신체운동·건강

1. 목표

실내외에서 신체활동을 즐기고, 건강하고 안전한 생활을 한다.

1) 신체활동에 즐겁게 참여한다.
2) 건강한 생활습관을 기른다.
3) 안전한 생활습관을 기른다.

2. 내용

내용범주	내용
신체활동 즐기기	신체를 인식하고 움직인다.
	신체 움직임을 조절한다.
	기초적인 이동운동, 제자리 운동, 도구를 이용한 운동을 한다.
	실내외 신체활동에 자발적으로 참여한다.
건강하게 생활하기	자신의 몸과 주변을 깨끗이 한다.
	몸에 좋은 음식에 관심을 가지고 바른 태도로 즐겁게 먹는다.
	하루 일과에서 적당한 휴식을 취한다.
	질병을 예방하는 방법을 알고 실천한다.
안전하게 생활하기	일상에서 안전하게 놀이하고 생활한다.
	TV, 컴퓨터, 스마트폰 등을 바르게 사용한다.
	교통안전 규칙을 지킨다.
	안전사고, 화재, 재난, 학대, 유괴 등에 대처하는 방법을 경험한다.

Ⅱ. 의사소통

1. 목표

일상생활에 필요한 의사소통 능력과 상상력을 기른다.

1) 일상생활에서 듣고 말하기를 즐긴다.
2) 읽기와 쓰기에 관심을 가진다.
3) 책이나 이야기를 통해 상상하기를 즐긴다.

2. 내용

내용범주	내용
듣기와 말하기	말이나 이야기를 관심 있게 듣는다.
	자신의 경험, 느낌, 생각을 말한다.
	상황에 적절한 단어를 사용하여 말한다.
	상대방이 하는 이야기를 듣고 관련해서 말한다.
	바른 태도로 듣고 말한다.
	고운 말을 사용한다.
읽기와 쓰기에 관심 가지기	말과 글의 관계에 관심을 가진다.
	주변의 상징, 글자 등의 읽기에 관심을 가진다.
	자신의 생각을 글자와 비슷한 형태로 표현한다.
책과 이야기 즐기기	책에 관심을 가지고 상상하기를 즐긴다.
	동화, 동시에서 말의 재미를 느낀다.
	말놀이와 이야기 짓기를 즐긴다.

III. 사회관계

1. 목표

자신을 존중하고 더불어 생활하는 태도를 가진다.

1) 자신을 이해하고 존중한다.

2) 다른 사람과 사이좋게 지낸다.

3) 우리가 사는 사회와 다양한 문화에 관심을 가진다.

2. 내용

내용범주	내용
나를 알고 존중하기	나를 알고 소중히 여긴다.
	나의 감정을 알고 상황에 맞게 표현한다.
	내가 할 수 있는 것을 스스로 한다.
더불어 생활하기	가족의 의미를 알고 화목하게 지낸다.
	친구와 서로 도우며 사이좋게 지낸다.
	친구와의 갈등을 긍정적인 방법으로 해결한다.
	서로 다른 감정, 생각, 행동을 존중한다.
	친구와 어른께 예의바르게 행동한다.
	약속과 규칙의 필요성을 알고 지킨다.
사회에 관심 가지기	내가 살고 있는 곳에 대해 궁금한 것을 알아본다.
	우리나라에 대해 자부심을 가진다.
	다양한 문화에 관심을 가진다.

Ⅳ. 예술경험

1. 목표

아름다움과 예술에 관심을 가지고 창의적 표현을 즐긴다.

1) 자연과 생활 및 예술에서 아름다움을 느낀다.
2) 예술을 통해 창의적으로 표현하는 과정을 즐긴다.
3) 다양한 예술 표현을 존중한다.

2. 내용

내용범주	내용
아름다움 찾아보기	자연과 생활에서 아름다움을 느끼고 즐긴다.
	예술적 요소에 관심을 갖고 찾아본다.
창의적으로 표현하기	노래를 즐겨 부른다.
	신체, 사물, 악기로 간단한 소리와 리듬을 만들어 본다.
	신체나 도구를 활용하여 움직임과 춤으로 자유롭게 표현한다.
	다양한 미술 재료와 도구로 자신의 생각과 느낌을 표현한다.
	극놀이로 경험이나 이야기를 표현한다.
예술 감상하기	다양한 예술을 감상하며 상상하기를 즐긴다.
	서로 다른 예술 표현을 존중한다.
	우리나라 전통 예술에 관심을 갖고 친숙해진다.

Ⅴ. 자연탐구

1. 목표

탐구하는 과정을 즐기고, 자연과 더불어 살아가는 태도를 가진다.

1) 일상에서 호기심을 가지고 탐구하는 과정을 즐긴다.
2) 생활 속의 문제를 수학적, 과학적으로 탐구한다.
3) 생명과 자연을 존중한다.

2. 내용

내용범주	내용
탐구과정 즐기기	주변 세계와 자연에 대해 지속적으로 호기심을 가진다.
	궁금한 것을 탐구하는 과정에 즐겁게 참여한다.
	탐구과정에서 서로 다른 생각에 관심을 가진다.
생활 속에서 탐구하기	물체의 특성과 변화를 여러 가지 방법으로 탐색한다.
	물체를 세어 수량을 알아본다.
	물체의 위치와 방향, 모양을 알고 구별한다.
	일상에서 길이, 무게 등의 속성을 비교한다.
	주변에서 반복되는 규칙을 찾는다.
	일상에서 모은 자료를 기준에 따라 분류한다.
	도구와 기계에 대해 관심을 가진다.
자연과 더불어 살기	주변의 동식물에 관심을 가진다.
	생명과 자연환경을 소중히 여긴다.
	날씨와 계절의 변화를 생활과 관련짓는다.

생각해보기

1. '제4차 어린이집 표준보육과정'의 영역 중 건강교육과 관련된 영역, 내용범주, 내용을 작성해 보세요.

■ 0~1세

영역 :	
내용범주	내용

■ 2세

영역 :	
내용범주	내용

2. '2019 개정 누리과정'의 영역 중 건강교육과 관련된 영역, 내용범주, 내용을 작성해 보세요.

<table>
<tr><td colspan="2">영역 :</td></tr>
<tr><th>내용범주</th><th>내용</th></tr>
<tr><td></td><td></td></tr>
</table>

Ⅱ

영유아 건강교육의 내용

Chapter 4

질병과 건강관리

본 장에서는 질병에 대한 기본 개념을 바탕으로 영유아기에 흔히 발생하는 질병의 주요 원인과 종류를 살펴본다. 또한, 이러한 질병을 효과적으로 관리하기 위한 방법과 더불어, 영유아교육기관에서 실천할 수 있는 구체적인 질병 관리 방안을 제시한다.

이를 통해 영유아의 건강을 보호하고, 질병 예방 및 관리의 중요성을 인식함으로써 아이들이 건강하게 성장할 수 있는 환경을 조성하는 데 필요한 지침을 제공하고자 한다.

들어가기

■ 예방접종의 필요성에 대해 생각해 보고, 토의해 보세요.

예방접종은 우리 몸이 특정 감염병에 대한 면역력을 미리 가지도록 돕는 과정이다. 백신을 통해 질병의 원인이 되는 병원체의 일부나 약화된 형태를 몸에 주입하면, 면역 체계가 이를 학습하여 실제 감염 상황에서 효과적으로 대응할 수 있게 된다. 예방접종은 개인뿐만 아니라 공동체의 건강을 보호하는 중요한 역할을 한다.

❖ 주제: 예방접종은 왜 해야 할까? ❖

	토의하기
강조점 (의견교환, 문제해결)	
결과 (공통된 합의나 해결책 도출)	

1. 질병의 이해

1) 질병의 정의

질병은 몸에 생기는 모든 병을 의미한다. 건강교육 측면에서는 몸이 스트레스나 자극에 제대로 적응하지 못해 생긴 문제를 질병이라고 한다. 이는 성장, 발달, 기능, 적응에 문제가 생긴 상태이다. 스트레스나 자극에 적응하지 못하면 신체 일부에 기능이나 구조적인 문제가 생길 수 있다.

일반적으로 질병은 하나의 원인으로 생기기보다는 여러 가지 원인이 함께 작용해서 발생한다. 질병을 잘 이해하는 것은 질병의 원인을 파악하고 예방 대책을 세우는 데 매우 중요하다.

2) 질병의 종류

질병은 감염성 질병과 비감염성 질병으로 나눌 수 있다. 감염성 질병은 바이러스, 세균, 곰팡이, 기생충과 같은 병원체가 동물이나 인간에게 전파되어 질환을 일으키는 경우이다. 반면, 비감염성 질병은 고혈압이나 당뇨와 같이 병원체 없이 발생하며, 발현 기간이 길다는 특징이 있다.

3) 질병의 결정 요인

(1) 질병의 결정 요인

질병의 결정 요인은 시대에 따라 인간의 이해가 발전해 왔다. 초기에는 초자연적 요소가 질병의 원인으로 여겨졌으나, 현대에 이르러 인간, 병원체, 환경의 상호작용으로 이해된다. 이를 요약하면 다음과 같다.

① 초기 이해

- **원시 시대**: 질병은 신이 내린 벌이나 악신, 악귀 때문에 발생한다고 여겨 기도나 주술로 치료하려고 했다.

② 히포크라테스의 이해

- **히포크라테스**(기원전 460~370): 질병은 공기, 물, 장소와 같은 환경적 요인으로 발생한다고 보며, 인간과 환경의 관계에서 질병을 이해하려 했다.

③ 세균 시대

- **로버트 코흐**(1876년): 세균을 분리하고 배양함으로써 세균이 질병의 원인이라는 세균설이 등장했다.

④ 현대 이해

- **19세기 중엽 이후**: 질병의 결정 요인을 인간(숙주), 병원체(병인), 환경의 복합적 관계로 이해하게 되었다.

(2) 현대의 질병 결정 요인

① 숙주(인간)

개체의 특성 및 병원체에 대한 감수성에 따라 달라진다. 연령, 성별, 식습관, 위생 상태, 면역 상태, 영양 상태, 저항력 등이 영향을 미쳤다.

② **병인(병원체)**

세균, 바이러스, 리케차, 기생충, 독소, 화학적 및 물리적 인자 등이 포함되었다.

③ **환경**

물리적, 생물학적, 사회적, 문화적, 경제적 요소들을 포함하며, 인간과 병인 간의 상호작용에서 중요한 역할을 하였다.

결국, 질병 발생은 숙주, 병원체, 그리고 환경의 상호작용으로 결정되었다.

2. 영유아기 질병의 원인

영유아의 질병 요인을 살펴보면 다음과 같다(Aronson, 1991).

1) 면역력

면역(immunity)이란 생물이 면역 시스템을 통해 감염이나 질병으로부터 병원균을 죽이거나 무력화하는 과정 또는 그 상태이다. 쉽게 말해, 유해한 미생물이 몸에 침입했을 때 이를 방어하고 저항하는 힘을 의미한다.

면역은 크게 두 가지로 나눌 수 있다. 하나는 태어날 때부터 가지고 있는 선천면역(자연 면역 또는 자연 치유력)이고, 다른 하나는 감염이나 예방접종 등을 통해 얻는 후천면역(획득 면역)이다. 영유아는 많은 감염성 질병에 대한 면역력이 아직 충분하지 않다. 태아는 엄마의 항체를 태반을 통해 받아 생애 첫해 동안 여러 질병으로부터 보호를 받는다. 생후 첫 석 달 동안 영아는 주로 모체로부터 받은 면역력에 의존한다. 이후 외부 병원체가 침입할 때마다 면역 체계를 점진적으로 형성해 나간다. 그러나 과도한 병원체 노출이나 피부 손상 및 감염으로 인해 면역 방어 기능이 제대로 작동하지 않으면 질병에 걸릴 위험이 높아진다.

2) 집단생활과 전염성 질병

① 집단생활의 경험이 없는 영유아들은 전염성 병원균에 노출될 기회가 적어 방어를 위한 항체 생성 기회도 상대적으로 부족하다. 이 때문에 유아교육기관에서 집단생활을 하게 되면 질병을 일으키는 병원균에 더욱 취약할 수밖에 없다.

② 종종 질병의 전파자가 누구인지 알기 어렵거나 느끼지 못하는 경우도 많다.

③ 병원균은 직접적인 접촉, 기침 또는 재채기, 변이나 피를 통해 전파될 수 있다.

3) 영유아기 신체의 특성과 질병 감염

① 영유아의 신체는 성인보다 작고, 신체 부위들 간의 간격이 짧다. 따라서 어떤 부위에서는 해를 끼치지 않는 인자가 다른 부위에서는 질병을 일으킬 수 있다.

② 예를 들어, 중이(귀)는 코와 목의 박테리아에 의해 쉽게 감염될 수 있다. 이는 중이와 코, 목을 연결하는 유스타키오관(이관)이 매우 작고 짧기 때문에 병원균이 쉽게 이동하여 감염을 일으킬 수 있다.

4) 영유아들이 발달적 행동 특징은 질병에 쉽게 노출되는 요인

① 영유아들이 질병에 쉽게 노출되는 주된 이유 중 하나는 행동 특성과 위험성에 대한 인식 부족 때문이다.

② 영유아들은 다음과 같은 특성을 보인다.

- 청결하지 않은 물건이나 씻지 않은 손가락을 빠는 행동이 있다.
- 흙과 모래 같은 위생적이지 않은 곳에서 놀이를 즐기는 습성이 있다.
- 동물의 배설물, 기생충의 알이나 벌레가 있는 곳에서 즐겨 놀이한다.
- 콧물, 대소변 등을 위생적으로 처리하지 못한다.
- 다른 사람의 분비물이나 오염된 물건을 다룰 때 그 위험성에 대한 인식이 부족하다.

3. 질병 관리의 내용

영유아기에는 면역력이 약하기 때문에, 특히 여러 명의 영유아가 함께 생활하는 제한된 공간에서는 수족구, 독감, 수두와 같은 감염병에 걸릴 위험이 높아진다. 따라서 영유아가 생활하는 환경, 특히 가정에서도 부모와 보호자가 영유아의 건강, 질병, 영양에 대한 적절한 지식을 습득하고, 이를 바탕으로 함께 보호하고 양육하는 노력이 필요하다.

1) 비감염성 질병

(1) 콧물감기와 축농증 관리

가벼운 콧물감기의 경우 따뜻한 타월로 찜질하거나, 가습기를 사용해 실내 습도를 50~60%로 유지하면 증상 완화에 도움이 된다. 누런 콧물이 나올 경우, 비염, 축농증(부비동염), 기관지염을 의심할 수 있으므로 병원을 방문하는 것이 좋다. 축농증(부비동염)은 코 주변의 부비동이라는 공간의 통로가 막혀 염증이 생기고 콧물이 고여 있는 상태이다. 이로 인해 답답함을 느끼게 되며, 코를 세게 풀면 오히려 증상이 악화될 수 있으니 주의가 필요하다.

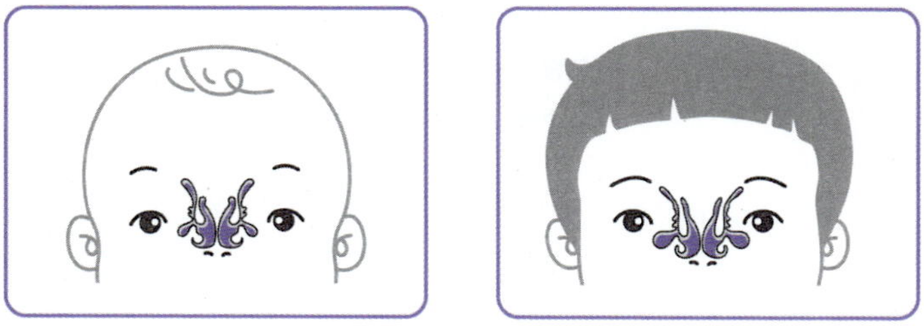

1세 부비동　　4세 부비동

(2) 중이염

중이염은 영유아에게 감기 다음으로 흔한 질병으로, 3세 이하 영아의 약 30%가 적어도 3회 이상 경험하는 것으로 알려져 있다. 중이염은 열, 귀 통증을 유발하며, 영유아 청력 감소의 가장 흔한 원인이 될 수 있기 때문에 절대로 간과해서는 안 된다.

- 영유아의 중이염은 이관이 완전히 발육하는 7세를 기준으로 그 이하에서 흔하며, 특히 3세 미만에서 자주 발병한다.
- 만 3세 미만의 영아는 아직 의사 표현이 미숙하기 때문에, 고열과 함께 반복적으로 귀를 만지며 보채는 경우 급성 중이염을 의심해 볼 수 있다.

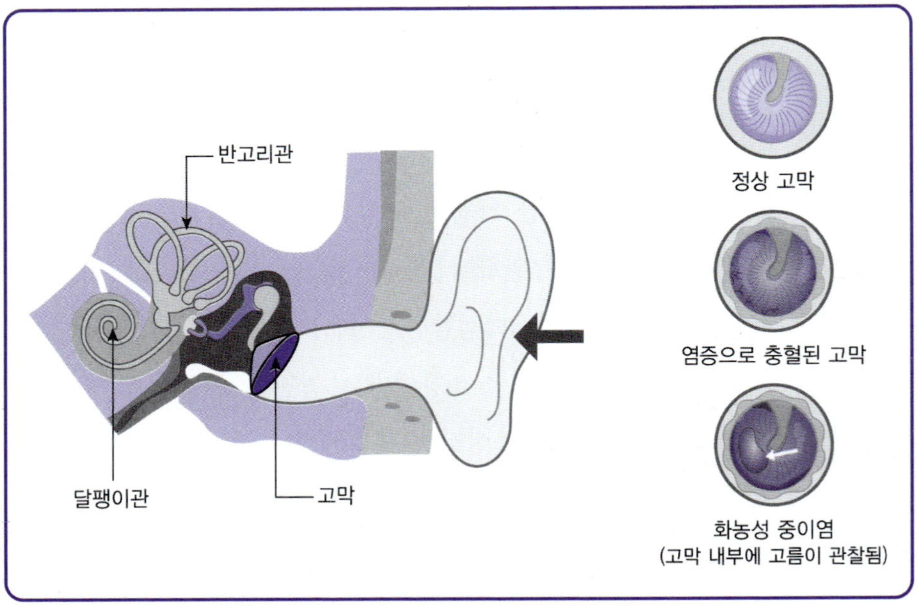

[그림 4-1] 고막 검사

출처: 보건복지부.

(3) 폐렴

폐렴에는 세균성 폐렴과 바이러스성 폐렴이 있으며, 대부분의 경우 바이러스성 폐렴이다. 2세 미만의 영유아는 처음에 폐렴이 발생할 수 있으며, 이후 유행성 상기도 감염, 홍역, 백일해 등을 앓은 후 2차적으로 폐렴이 잘 발생한다. 폐렴의 주 증상은 발열과 기침으로 감기와 비슷하지만, 고열과 호흡곤란이 동반된다는 점에서 감기와 다르다.

(4) 소아 변비

영유아 변비 치료는 성인과 약간 다르다. 5세 미만의 영유아는 말로 설명하여 납득시키기 어려워 변비 때마다 관장을 한다면 통증과 두려움을 유발해 역효과를 낼 수 있다. 관장은 어쩌다 한 번 사용할 수 있지만 매일 사용하는 방법은 적절하지 않다. 그보다는 생활 습관과 식생활 개선을 통해 변비를 예방하는 것이 무엇보다 중요하다. 영유아가 생우유를 하루 1리터 이상 섭취할 경우 변비에 주의해야 한다. 칼슘 대변은 돌처럼 딱딱해져 항문을 통해 나갈 때 항문 열상과 같은 상처를 내며 심한 통증을 유발할 수 있다.

(5) 아토피성 피부염

아토피성 피부염은 심한 가려움증, 부스럼 딱지, 인설(비늘), 삼출, 홍반과 부종이 특징인 염증성 피부질환이다. 초기 증상은 뺨에 생기는 붉고 습윤성 피부염이며, 이후 머리, 피부, 귀, 얼굴의 나머지 부분, 사지로 차츰 퍼진다. 가려움이 주요 특징으로, 영유아는 침구에 얼굴을 비비거나 쉴 새 없이 긁으려 한다. 이러한 피부는 외상을 입기 쉽고, 수포와 딱지가 생기며 2차 세균감염이 발생하기도 한다.

(6) 기침과 가래: 급성 기관지염

기침은 기관지나 폐에 가래와 같은 이물질을 배출하기 위한 우리 몸의 방어 기전이다. 따라서 영유아가 심하게 기침할 경우, 원인을 먼저 찾아 치료하는 것이 중요하다. 만약 영유아가 기침을 심하게 하고, 가래가 끓으며, 콧물이 나고, 숨을 가쁘게 쉬는 등의 여러 증상이 동시에 나타난다면, 급성 기관지염을 의심할 수 있다.

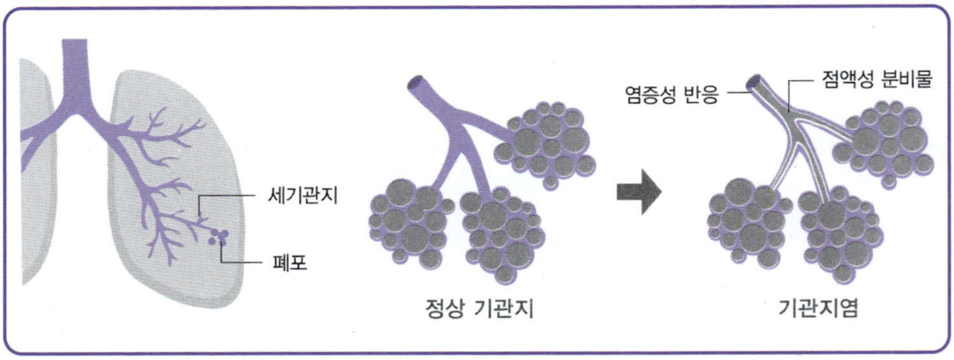

[그림 4-2] 정상 기관지와 기관지염

(7) 소아당뇨

- 소아당뇨는 혈액 내 포도당 수치가 높아져 소변으로 배출되는 질환으로, 여러 합병증을 유발할 수 있다.
- 일반적으로 당뇨병은 성인에게 많이 발생하지만, 소아당뇨는 10~18세 사이에 나타나는 질병이다.
- 평소보다 소변을 많이 보거나, 특별한 이유 없이 체중이 줄거나, 하루 중 혈당 수치가 200mg/dl 이상으로 올라가는 경우라면 소아당뇨를 의심해 보아야 한다.
- 당뇨병은 제1형과 제2형으로 나뉘며, 소아당뇨의 대부분(90% 이상)은 제1형 당뇨로, 여러 요인으로 인해 체내 인슐린 분비가 어려워 발병하는 경우가 많다.

(8) 소아 천식

- 소아 천식은 폐 속 기관지가 매우 예민해져 기관지가 좁아지는 상태로, 아이는 쌕쌕거리며 숨을 쉬거나, 기침을 오래 하고, 숨참과 가슴 답답함을 호소한다. 이러한 증상은 반복적이고 발작적으로 나타나는 것이 특징이다. 특히 기침이 주요 증상인 경우 천식 치료에 반응이 좋다면 천식양 기관지염이라고도 한다.
- 소아 천식은 발생 기전 및 유발 인자 면에서 성인 천식과 비슷하지만, 진단 방법 예후에서 차이가 있다. 알레르기성 염증 반응이 천식의 원인으로 작용하며, 유전적 요인과 환경적 요인 모두가 영향을 미친다.

■ 천식에 걸리기 쉬운 소아의 특징

- 천식은 모든 연령대에서 발생할 수 있지만, 특히 1~6세 사이의 어린이에게 발병률이 가장 높다. 대부분의 천식은 3세 이내에 발생하며, 학령기에 접어들면서 점차 완화되는 경향이 있다.
- 천식에 걸리기 쉬운 알레르기 체질과 걸리기 쉬운 환경에 노출된 경우가 많다. 천식을 앓는 어린이는 다음 두 가지 경우에 해당한다.
  - 기도가 민감하여 외부의 작은 자극에도 기도가 협착되는 경우(예: 특수한 냄새나 찬 공기 등)
  - 알레르겐의 영향을 받는 경우로, 부모가 천식을 앓고 있지 않더라도 알레르기성 질환(피부 알레르기, 알레르기성 비염 등)을 가진 부모로부터 유전적 영향을 받아 천식에 걸릴 가능성이 높다.

이와 같은 특징을 고려하여 천식 증상을 조기 인지하고, 환경 조절을 통해 천식을 예방하거나 증상을 완화하는 것이 중요하다.

2) 감염성 질병

영유아기 어린이는 감염성 질병과 감염에 취약하다.

(1) 수두

- 수두는 바이러스에 감염되어 발생하는 흔한 질병이다. 초기 증상은 감기와 비슷하며, 피부 가려움증, 두통, 근육통, 쇠약감 등이 동시에 나타난다.
- 수두의 잠복기는 10일에서 21일 정도로, 사람에게 치명적인 병은 아니지만 전염성이 매우 강하다.
- 수두 증상을 보이는 영유아의 침이나 직접적인 접촉을 통해 다른 영유아에게 쉽게 전염될 수 있어 유아교육기관에서는 특히 주의가 필요하다.

(2) 수족구

- 수족구병은 손, 발의 발진과 입안의 궤양성 병변이 특징이기 때문에 이렇게 불리며, 주로 4세 이하의 영유아에게 발생한다.
- 주로 환자의 호흡기 분비물, 수포의 진물을 통해 감염되며, 때로는 분변을 통한 경구 감염도 발생할 수 있다.
- 감염된 환자와 접촉하면 약 4~6일 정도의 잠복기를 거쳐 발열, 식욕부진, 권태감이 나타나며, 이후 손, 발, 입안에 수포와 궤양이 생긴다.

(3) 홍역

- 홍역은 바이러스에 의한 영유아 급성 전염병이다.
- 잠복기는 보통 10~12일이며, 열과 함께 피부에 붉은 빛깔의 반점이 생긴다.
- 홍역은 한 번 걸리고 나면 면역력이 생겨 다시는 걸리지 않는다.
- 홍역의 증상으로는 결막염, 발열, 콧물, 홍반성 반점(구진), 그리고 피부에 붉은 반점 등이 복합적으로 나타난다.
- 홍역 예방접종은 생후 12~15개월과 4~6세에 실시해야 한다.

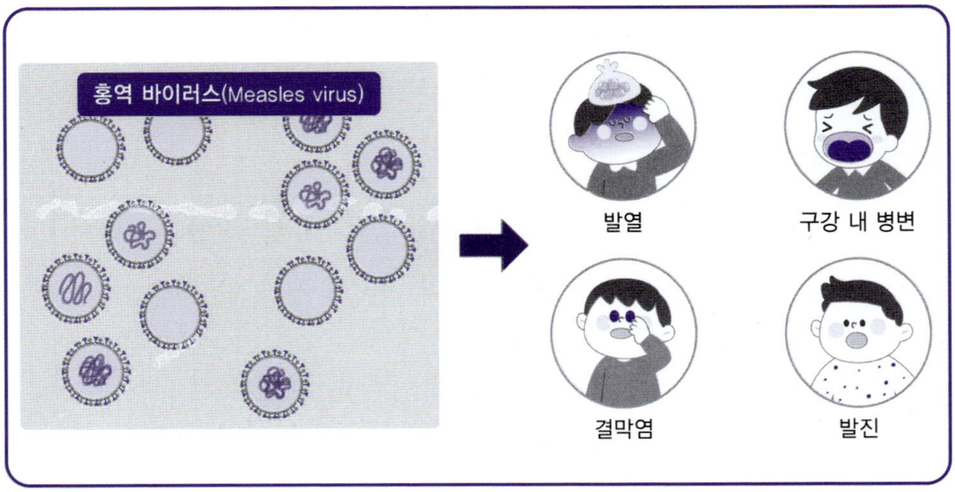

(4) 볼거리(유행성 이하선염)

- 유행성 이하선염, 흔히 볼거리라고 불리는 이 질환은 볼거리 바이러스에 의해 발생하는 급성 유행성 전염병이다. 타액선(침샘)이 비대해지고, 동통(통증)이 나타나는 것이 주요 특징이다.
- 예방접종이 보편화되면서 발생 빈도가 급격히 감소했으나, 늦겨울이나 봄에 종종 발생하기도 한다.
- 영유아교육기관에서는 공동 물건을 소독하고 청결하게 관리하여 볼거리와 같은 질병을 예방하는 것이 중요하다.

3) 식습관 관련 질병

(1) 식품 알레르기

- 식품 알레르기는 특정 음식물의 단백질이 항원으로 작용해 신체가 과민반응을 일으키는 것을 말한다.
- 증상으로는 비염, 설사, 구토, 두드러기, 피부염, 과민증 등이 있다.
- 영유아의 경우, 무조건 음식을 제한하기보다는 항상 주의 깊게 관찰하며, 특성에 따라 먹이도록 하는 것이 좋다.

(2) 편식

- 편식은 특정 식품만을 좋아하거나 싫어하는 상태를 말하며, 이로 인해 식사 내용이 영양적으로 불균형해져 발육과 성장 영양 상태가 나빠질 수 있다.
- **원인**

  - 생리적 · 심리적 원인: 발달 과정에서 겪은 식품과 음식 경험에 기인

- 사회적 · 경제적 요인: 생활 지역이나 환경적 요건에 기인
- 발달적 요인: 음식 네오포비아(새로운 음식을 꺼려함), 혀의 세포민감성 등

편식은 가정환경, 특히 어머니의 영향을 크게 받기 때문에 편식 습관을 조절하기 위해서는 가정과의 연계가 필수적이다.

(3) 소아비만

- 소아비만은 체내 중성지방이 비정상적으로 증가하여 지방이 피하조직에 많이 쌓인 상태이다.
- 추후 비만, 소아성 고혈압, 당뇨병, 고지혈증과 같은 성인병의 원인이 될 수 있다.
- 소아비만 치료를 위해서는 가족 전체의 식습관 개선이 중요하며, 식이요법과 운동을 병행하는 것이 효과적이다. 식이요법을 할 때는 영유아의 성장에 필요한 영양소가 제한되지 않도록 세심한 주의가 필요하다.

영아기 비만 예방 방법

- 배고플 때만 우유를 준다: 아기가 울 때마다 우유병을 물리지 않도록 하여 과잉 섭취를 방지한다.
- 6개월 이후에는 밤 수유를 줄인다: 서서히 밤에 우유를 먹는 습관을 줄여 나간다.
- 이유식은 숟가락으로 제공한다: 과즙이나 미음을 우유병이 아닌 숟가락으로 먹여 올바른 식습관을 형성한다.
- 단맛에 익숙해지지 않도록 한다: 이유식 때 단 과자나 빵을 주지 않아 당 섭취를 조절한다.
- 채소와 친숙해지도록 한다: 감자, 고구마 등의 채소를 이유식에 포함시켜 채소 섭취를 자연스럽게 유도한다. 영아기 때 채소를 친숙하게 받아들이지 않으면 성장 후에도 채소 섭취가 어려울 수 있다.

영아기 비만 예방은 건강한 성장과 발달을 위해 매우 중요하다. 올바른 식습관과 충분한 신체 활동을 통해 비만을 방지하고 건강한 생활 습관을 형성해야 한다.

유아기 소아비만 예방법

■ 식습관 관리

- TV를 보면서 식사하지 않기: 화면을 보면 포만감을 느끼지 못해 과식하게 될 수 있다.
- 패스트푸드, 탄산음료, 요거트, 주스 제한: 건강에 좋지 않은 음식을 피한다.
- 간식 제한: 간식을 너무 많이 주면 식사를 하지 않으므로, 적당히 준다.
- 음식을 남겼을 때 꾸중하지 않기: 자신이 먹을 양을 덜어 먹게 하고, 양이 많다고 느끼는 경우에는 적게 먹도록 한다.

■ 운동과 활동

- 컴퓨터나 핸드폰 사용을 제한한다: 가급적 컴퓨터나 핸드폰을 사용하지 않도록 하며, 밖으로 나가서 적당한 운동을 하도록 유도한다.

■ 식품 선택

- 저지방 우유를 선택한다: 유아기에는 1% 저지방 우유나 무지방 우유를 먹이는 것이 중요하다. 단, 영아기에는 지방이 필요하므로 해당 사항이 아니다.
- 현미나 통곡물을 섭취하도록 한다: 흰쌀밥 대신 현미나 통곡물을 섞어 먹되, 소화가 잘 안 될 수 있으므로 꼭꼭 씹어 먹도록 한다.

건강한 식습관 개선과 활동적인 생활을 통해 소아비만을 예방하고, 정상적인 발달을 촉진하는 것이 중요하다.

(4) 충치

충치 균이 당분을 분해해 산으로 바꾸면서 치아의 에나멜질이나 상아질 등을 파괴하며, 이에 구멍이 뚫리고 까맣게 썩는 병이다.

충치 발생 원인과 예방 방법

■ **충치 발생 원인**

- 잠자기 전에 음식물 섭취 또는 우유병을 물고 잠드는 습관
- 이유식을 늦게 시작한 경우

■ **충치 예방 방법**

- 당분 섭취를 줄인다: 당분이 충치의 주요 원인이 될 수 있으므로 적게 먹는다.
- 식후 양치질 필수: 음식을 먹은 뒤에는 반드시 양치질을 한다.
- 영양소 섭취: 무기질, 비타민, 단백질 치아 건강에 좋은 영양소를 충분히 섭취한다.

이러한 방법을 통해 충치를 예방하고, 영유아의 치아 건강을 유지할 수 있다.

(5) 식욕부진

① 식욕부진의 원인

식욕부진은 영아 및 유아에서 흔히 발생하며, 주로 생리적 · 심리적 · 환경적 요인이 복합적으로 작용한다.

- **생리적 요인**
  - 성장 속도 변화: 1세 이후 성장 속도가 완만해지면서 자연스럽게 식사량이 감소할 수 있음

- 소화 기능 미성숙: 위장관 발달이 미완성되어 소화불량이 발생할 수 있음
- 질병 및 영양 불균형: 감기, 장염, 빈혈, 아연·철분 부족 등이 식욕 저하를 유발할 수 있음

• **심리적·정서적 요인**

- 자의식 발달: 특정 음식에 대한 기호가 강해지며 편식이 증가할 수 있음
- 스트레스 및 불안: 부모와의 애착 문제, 환경 변화 등이 식욕 감소에 영향을 줌
- 강압적 식사 태도: 음식 강요나 지나친 통제가 오히려 식사 거부로 이어질 수 있음

• **환경적 요인**

- 잘못된 식습관: 불규칙한 식사 시간, 과도한 간식 섭취, 식사 중 TV·스마트폰 사용 등이 식욕 저하를 초래할 수 있음
- 음식의 질감과 맛: 낯선 음식에 대한 거부감이 식욕 저하로 이어질 수 있음
- 운동 부족: 신체 활동이 적으면 에너지 소비가 줄어 식욕이 감소할 수 있음

② 식욕부진 예방 방법

• **식사 환경 조성**: 정해진 시간에 가족과 함께 식사하며, 편안한 분위기를 조성한다.

• **음식에 대한 흥미 유발**: 다양한 색깔, 질감, 조리법을 활용하여 흥미로운 식단을 제공한다.

• **식사 및 간식 조절**: 일정한 시간에 균형 잡힌 식사를 제공하고, 과도한 간식 섭취를 제한한다.

- **적절한 운동 유도**: 충분한 신체 활동을 통해 에너지 소비를 촉진하여 자연스럽게 식욕을 증진한다.
- **강요하지 않기**: 아이가 스스로 먹을 수 있도록 유도하고, 지나친 강요는 피한다.
- **관리**: 질병 예방 및 철분·아연 등 필수 영양소를 충분히 공급하여 식욕 저하를 방지한다.

영아 및 유아의 식욕부진은 정상적인 성장 과정의 일부일 수 있으나, 지속될 경우 원인을 파악하고 적절한 환경을 조성하는 것이 중요하다.

(6) 빈혈

빈혈은 적혈구의 수 또는 크기가 감소하거나, 산소를 운반하는 헤모글로빈의 양이 부족한 상태를 의미한다. 영유아기에는 철분 결핍이 주요 원인으로 작용한다.

- 신체적 증상: 창백한 피부, 피로, 호흡곤란, 현기증, 두통
- 소화기 증상: 식욕부진, 소화 장애
- 기타 증상: 면역력 저하, 집중력 저하

① 영유아 빈혈의 원인

- **철분 결핍**
  - 출생 후 저장된 철분 감소(조산아, 저체중아의 경우 더 심각할 수 있음)
  - 철분이 부족한 이유식 섭취
  - 우유 과다 섭취로 인해 철분 섭취 감소

• **영양 불균형**

- 철분뿐만 아니라 비타민 B_{12}, 엽산 부족으로 인한 빈혈 발생
- 편식 또는 균형 잡히지 않은 식습관

• **철분 흡수 장애**

- 만성 설사, 장 질환 등으로 철분 흡수가 원활하지 않음

• **급속한 성장**

- 영유아기의 빠른 성장으로 철분 요구량 증가

② 영유아 빈혈 예방 방법

• **충분한 철분 섭취**

- 철분이 풍부한 식품 섭취: 붉은 고기, 간, 달걀, 녹색 채소, 해조류 등
- 철분이 강화된 식품 활용: 철분 강화 시리얼, 이유식 등

• **철분 흡수 촉진**

- 비타민 C 섭취: 철분 흡수를 도와주는 감귤류, 피망, 브로콜리 등 함께 섭취
- 동물성 단백질 섭취: 철분의 체내 흡수를 돕는 육류, 생선 섭취

• **식습관 개선**

- 우유 과다 섭취 제한: 하루 500ml 이하로 조절하여 철분 섭취 방해 방지
- 균형 잡힌 식사: 다양한 영양소가 포함된 식단 구성
- 영유아기 빈혈은 성장과 발달에 영향을 줄 수 있으므로, 조기 예방과 철분이 풍부한 균형 잡힌 식단 관리가 중요하다.

4. 영유아교육기관에서의 질병 관리

1) 기관의 집단생활과 질병 감염

- 영유아를 위한 교육기관에서는 같은 공간에서 많은 어린이들이 신체 접촉을 하므로 질병의 전파를 조장할 수 있다.
- 영유아를 위한 교육기관에서는 화장실 이용, 기저귀 갈기, 음식과 간식 준비, 놀이 상황 등에서 성인과 영유아 간의 신체적 상호작용이 빈번히 이루어진다. 이러한 신체적 접촉은 전염성 질병의 원인이 되는 병원균을 옮기는 기회가 된다.
- 교사는 친밀하고 적절한 보살핌을 제공하면서도, 감염의 위험을 줄이기 위한 노력을 해야 한다.

(1) 환경과 관리의 중요성

- 적절하게 고안된 시설과 설비는 영유아와 성인의 질병 발생을 줄이는 데 도움을 줄 수 있다.
- 반면, 영유아의 특성을 고려하지 않은 환경이거나 부실한 관리는 영유아와 성인의 건강에 위협적인 요인으로 작용할 수 있다.

(2) 건강 관찰 시 교사의 역할

① 교사가 영유아의 건강 상태를 확인하는 방법

- 자세를 낮춰 영유아의 눈높이에 맞춘다.
- 편안하게 뒷목을 쓰다듬으며 열이 있는지 확인한다.
- 얼굴이나 팔을 쓰다듬으며 피부 상태를 살핀다.

- 영유아의 표정, 병색 유무, 청결함의 정도 등을 관찰한다.
- 이상이 있는 경우 영유아에게 아프거나 불편한 점이 있는지 묻고, 하루 동안의 표정, 병색 유무, 행동 특징을 관찰한다.
- 상태에 따라 즉시 병원으로 이동하거나 귀가 시 부모에게 구체적으로 알린다.

② 부모에게 알리는 방법

- 부모에게는 구체적인 증상을 알기 쉽게 전달해야 한다.
- 예를 들어, "오늘 ㅇㅇ이의 얼굴이 자주 붉어지고, 11시부터 38.5도 정도의 열이 있었다. 그리고 자주 누우며 힘이 없어 보였다."와 같이 명확하게 증상을 설명한다.

이러한 방식으로 영유아의 상태를 세심하게 관찰하고 부모와 소통함으로써 영유아의 건강을 더 잘 돌볼 수 있다.

③ 아픈 영유아의 관리 방법

- 아픈 영유아는 양호실이나 조용한 곳에 격리하여 안정을 취할 수 있도록 보호한다.
- 열이 난다고 해서 임의로 해열제를 투약하지 않는다.

교사는 영유아의 상태를 세심하게 관찰하면서 적절한 보호와 관리를 제공해야 하며, 의사의 지침 없이 약물을 사용하지 않는 것이 중요하다.

■ **발열이 있는 경우**

- 체온을 체크한다.
- 3세 이하의 영아는 귀를 아래로 당겨서 체온을 측정하고, 3세 이상일 때는 귀를 위로 당겨서 측정한다.

■ **설사일 경우**

- 설사의 양상과 횟수를 잘 관찰하여 학부모에게 전달한다.
- 탈수 예방을 위해 수분을 충분히 섭취하도록 돕는다.
- 엉덩이를 깨끗이 닦고 잘 말려주어 위생 상태를 유지한다.

■ **복통의 경우**

- 대변 유무를 확인하고, 특정 음식물 섭취 여부를 확인한다.
- 통증 부위, 체온, 설사 여부를 체크한다.
- 잠시 휴식을 취하거나, 따뜻한 물수건을 사용해 체온을 유지한다.

■ **구토**

- 구토 후에는 고개를 옆으로 돌려 눕혀 기도폐쇄를 예방한다.
- 구토물이 입안에 남아 있지 않도록 입안을 헹궈 준다.

■ **열성 경련**

- 경련 도중에 입안으로 아무것도 넣지 않는다.
- 경련을 멈추게 하려고 꽉 붙잡는 것은 오히려 경련을 오래 지속시킬 수 있으므로 피해야 한다.

■ **기침**

- 1~2시간마다 창문을 열어 환기를 시켜 준다.
- 실내 온도는 18~22도로 유지하는 것이 좋다.
- 너무 차지 않은 보리차나 주스 등을 자주 먹여 기도를 촉촉하게 유지한다.

■ **피부 발진**

- 유리판으로 발진 부위를 눌러보고 열을 측정한다.
- 손톱을 짧게 깎아 피부를 긁지 않도록 하고, 가려움을 줄여준다.

■ **구토, 설사보다 더 무서운 '탈수증' 관리**

- 아이가 열이 나거나 구토, 설사를 할 때 수분 공급을 소홀히 해서는 안 된다.
- 아프면 몸속의 수분이 부족해지기 쉽고, 수분을 제대로 공급하지 않으면 탈수증이 발생할 수 있다.
- 아이들은 어른보다 수분이 더 필요하며, 탈수가 심하면 쇼크 상태로 이어질 수 있다.

■ **탈수 예방을 위한 수분 공급 방법**

- 경구용 전해질 용액을 30~120cc 보충한다.
- 보리차 5ml에 설탕 4t(티스푼) + 소금 1/2t을 섞어 보충한다.
- 자주 여러 번 물을 보충하여 충분한 수분을 공급한다.

2) 예방접종에 대한 교육

① 예방접종의 중요성

- **감염병 예방 및 면역력 강화**
  - 영유아는 면역력이 미숙하여 감염병에 쉽게 노출될 수 있으므로, 예방접종을 통해 면역력을 형성하는 것이 필수적이다.
  - 예방접종은 집단 면역 효과를 유도하여 교육기관 내 감염병 확산을 방지한다.
- **법적 기준 및 예방접종 의무**
  - 국가예방접종사업(NIP)에 따라 일정 연령별 필수 예방접종을 시행해야 하며, 교육기관에서는 예방접종 여부를 점검해야 한다.
  - 예방접종 증명서 제출을 통해 누락된 접종이 없는지 확인할 필요가 있다.

② 영유아 필수 예방접종 종류 및 일정

- **국가 필수 예방접종 항목**(NIP 기준)
  - 출생 직후~생후 1년: B형 간염, 결핵(BCG), DTaP(디프테리아 · 파상풍 · 백일해), 소아마비(IPV), 폐렴구균, B형 헤모필루스 인플루엔자균(Hib), A형 간염, 로타바이러스
  - 생후 12~15개월: 홍역 · 유행성이하선염 · 풍진(MMR), 수두
  - 4~6세: DTaP 추가 접종, IPV 추가 접종, MMR 추가 접종
  - 추가 권장 백신: 인플루엔자(독감), 장티푸스, 일본뇌염, B형 헤모필루스 인플루엔자균(Hib) 등
- **예방접종 일정 준수의 중요성**
  - 접종 시기를 준수해야 충분한 면역력을 확보할 수 있으며, 접종이 지연될 경우 감염 위험이 증가할 수 있다.

- 교육기관에서는 정기적인 예방접종 안내를 제공하여 부모가 접종을 놓치지 않도록 유도해야 한다.

③ 예방접종 교육 내용

- **부모 및 교직원 대상 예방접종 교육**
  - 예방접종의 필요성과 효과 설명
  - 연령별 필수 예방접종 일정 안내
  - 예방접종 후 정상 반응(미열, 주사 부위 부기 등)과 이상 반응(발진, 호흡곤란 등) 구별하는 방법 교육
  - 이상 반응 발생 시 병원 방문 및 응급조치 방법 안내
- **예방접종 후 관리 교육**
  - 접종 부위는 청결하게 유지하고, 접종 후 30분간 이상 반응을 관찰
  - 접종 당일은 심한 운동을 피하고, 충분한 휴식을 취할 수 있도록 유도
  - 발열이 있을 경우 해열제를 사용할 수 있으며, 고열 지속 시 병원 방문 권장
- **교직원 대상 감염병 예방 교육**
  - 예방접종 여부 확인 및 증명서 제출 관리
  - 감염병 발생 시 신속한 대응 방법 교육
  - 교육기관 내 예방접종 독려 및 감염 예방 수칙 안내

④ 예방접종 관리 및 운영 방안

- **예방접종 기록 관리**
  - 입학 시 예방접종 증명서 제출을 의무화하여 필수 접종 여부 확인
  - 정기적으로 예방접종 여부를 점검하고, 미접종 아동이 있을 경우 보건소 및 부모에게 안내

- **감염병 발생 예방 및 대응 체계 구축**
  - 예방접종을 완료한 아동과 미접종 아동을 관리하여 감염병 발생 시 신속한 조치 가능하도록 준비
  - 질병관리청 및 보건소와 협력하여 예방접종 캠페인 및 감염병 발생 시 대응 절차 수립
- **예방접종 캠페인 및 홍보**
  - 정기적으로 예방접종 관련 안내문 제공 및 학부모 대상 교육 실시
  - 예방접종의 필요성을 강조하는 포스터 및 자료 배포

영유아 예방접종은 개인의 건강뿐만 아니라 집단 면역 형성을 통해 교육기관 내 감염병 확산을 방지하는 중요한 역할을 한다. 따라서 교육기관에서는 예방접종 교육을 강화하고, 체계적인 관리 시스템을 구축하여 아동의 건강을 보호해야 한다.

생각해보기

■ 면역력과 관련된 짧은 이야기를 재미있고 흥미롭게 구성해 주세요.

예 면역이와 세균이의 한판 승부

평화롭던 몸속 마을에 어느 날 침입자가 나타났습니다. 그는 바로 "세균이"!

"크크크, 이 몸이 너희를 모두 점령하겠다!"

세균이는 자신만만하게 외쳤습니다. 몸속의 구석구석을 돌아다니며 나쁜 독소를 뿌리기 시작했죠.

하지만 몸속을 지키는 히어로, "면역이"가 가만히 있을 리 없었습니다.

"여기는 우리 몸속이다! 네 맘대로 할 수는 없어!"

면역이는 백혈구 군단을 불러 세균이를 막아섰습니다.

첫 번째 공격은 세균이가 이기는 듯했지만, 면역이는 물러서지 않았습니다.

"강한 적일수록 우리도 힘을 합쳐야 해! 비타민과 충분한 휴식이 지원군으로 도착했어!"

몸 밖에서 주인공이 먹은 따뜻한 국과 신선한 과일 덕분에 면역이는 점점 강해졌습니다. 그뿐만 아니라 매일 규칙적으로 운동하는 주인공 덕에 면역이의 방패는 단단해지고, 공격력도 강해졌습니다.

"이건 불공평해! 지원군이 너무 강하잖아!"

세균이는 점점 힘을 잃고 결국 물러나고 말았습니다.

전투가 끝난 뒤, 면역이는 조용히 웃으며 말했습니다.

"우리는 항상 깨어 있어야 해. 균형 잡힌 식사와 건강한 생활 습관이 있다면 어떤 적도 물리칠 수 있지!"

그 후로도 몸속 마을은 면역이의 활약 덕분에 평화를 되찾았고, 세균이는 다시는 가까이 오지 못했습니다.

몸속은 오늘도 건강과 활력을 유지하며 평화롭게 살아가고 있습니다.

■ 영유아가 쉽게 이해할 수 있도록 사물을 의인화하여 이야기를 만들어 보세요.

주제	
등장인물	
이야기	

Chapter 5 영양교육

본 장에서는 영양교육의 기본 개념을 중심으로, 영유아기에 적절한 영양교육이 왜 중요한지 살펴본다. 더불어, 영양교육에서 다루어야 할 핵심 내용을 정리하고, 이를 영유아를 위한 교육기관에서 실질적으로 적용할 수 있는 구체적인 방안을 탐구한다. 영양교육은 단순히 식습관을 지도하는 것을 넘어, 아이들의 건강한 성장과 발달을 돕고 평생의 건강한 생활 습관 형성에 기여하는 중요한 과정임을 살펴보고자 한다.

들어가기

■ "영양"에 대한 생각을 창의적으로 표현해 보세요

- 그림을 그리거나 단어와 문장을 사용해 마인드맵을 만들어 보세요.
- "영양"이라는 주제를 중심으로, 떠오르는 모든 아이디어를 연결하며 표현해 보세요.
- 영양의 중요성, 역할, 그리고 우리 생활과의 관계에 대해 자유롭게 정리해 보세요.

Tip: 음식, 건강, 성장, 환경 등 영양과 관련된 다양한 측면을 떠올려 보세요.

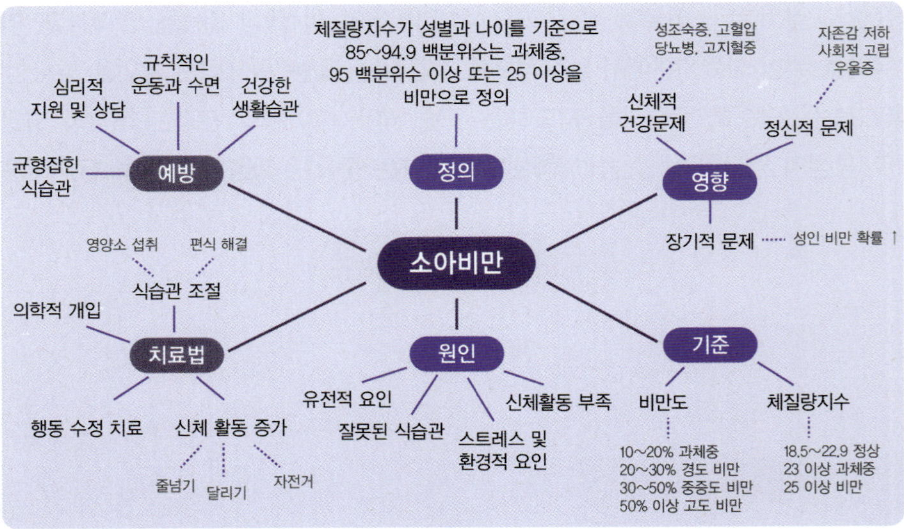

■ "영양"에 대한 생각을 창의적으로 표현해 보세요.

Tip: 음식, 건강, 성장, 환경 등 영양과 관련된 다양한 측면을 떠올려 보세요.

그림을 그리거나 단어와 문장을 사용해 마인드맵을 만들어 보세요.	
"영양"이라는 주제를 중심으로, 떠오르는 모든 아이디어를 연결하며 표현해 보세요.	
영양의 중요성, 역할, 그리고 우리 생활과의 관계에 대해 자유롭게 정리해 보세요.	

1. 영양교육의 이해

영양교육(영양지도)은 영양에 대한 지식, 기술, 태도를 개선하기 위해 이루어지는 학습 경험과 교육이다. 영유아 영양교육은 건강과 영양에 도움이 되는 학습 경험을 통해, 영유아가 바람직한 식생활 행동을 습득하고 이를 실천하여 습관화할 수 있도록 돕는 과정이다. 이러한 교육은 영유아가 건강한 식생활 습관을 형성하는 데 중요한 역할을 한다.

2. 영양교육의 중요성

영유아기는 성장과 발달 속도가 가장 빠른 시기로, 인간 발달 과정에서 매우 중요한 시기이다. 충분하고 적절한 영양 섭취는 두뇌 성장을 포함해 신체, 인지, 언어, 사회, 정서 발달의 기초에 큰 영향을 미친다. 이 시기에는 음식에 대한 선호와 영양 섭취에 대한 식습관이 형성되며, 이는 영유아의 건강과 영양 문제를 예방하는 데 중요한 역할을 한다. 따라서 영유아기에 균형 잡힌 영양을 제공하는 것은 건강한 발달을 위해 중요하다. 영양은 영유아의 신체 및 정신 발달에 매우 중요한 영향을 미치며, 성장 지연이나 질병 예방에도 도움이 된다. 특히 영유아교육기관에서의 급식은 가정에서 결핍될 수 있는 영양을 보충하는 중요한 기회이다. 좋은 영양은 식품의 양과 질을 고려하여 균형 잡힌 영양소를 섭취할 수 있도록 조리하는 것을 의미하며, 이는 영유아의 성장과 활동, 체온 유지, 체내 대사 활동 및 생명 유지에 필요한 에너지를 제공한다. 영유아 시기에 충분한 영양을 공급하는 것은 건강한 성장과 발달을 위해 중요하다.

3. 영양교육의 내용

1) 영양소의 종류

탄수화물, 지방, 단백질, 무기질, 비타민은 5대 영양소이며, 물을 포함하면 6대 영양소로 구분된다.

(1) 3대 영양소: 탄수화물, 지방, 단백질

탄수화물, 지방, 단백질은 우리가 섭취하는 음식에 포함되어 있으며, 에너지를 생성하고, 우리 몸을 구성하며 몸의 기능을 조절하는 데 중요한 역할을 한다.

▪ 열량 영양소

- 기능: 생명을 유지하기 위한 체내 작용과 체온 유지, 활동에 사용되는 에너지를 제공

  예: 탄수화물, 지방, 단백질 등

▪ 구성 영양소

- 기능: 신체의 조직을 구성하는 역할

  예: 지방, 단백질, 무기질 등

▪ 조절 영양소

- 기능: 체내에서 일어나는 기능을 조절하고 정상적으로 유지하는 역할

  예: 단백질, 무기질, 비타민 등

이러한 영양소들은 각각 생명 유지와 성장, 신체 기능 조절에 중요한 역할을 한다.

2) 영양소의 기능

(1) 힘 대장 탄수화물: 인간 활동의 주요 에너지원

① 탄수화물이란?

탄수화물은 우리 몸의 주요 에너지원으로, 활동과 성장을 위해 꼭 필요한 영양소이다. 쌀, 보리, 밀, 고구마, 감자 등 다양한 식품에 풍부하게 들어 있으며, 1g당 4kcal의 에너지를 제공한다.

② 탄수화물의 역할

- **에너지 공급**
  - 활동할 때 필요한 즉각적인 에너지를 제공한다.
  - 충분히 섭취하지 않으면 피로, 체력 저하, 식욕 감소 등이 나타날 수 있다.
- **소화와 장 건강**
  - 식이섬유는 장운동을 활발하게 만들어 변비 예방과 소화 촉진에 도움을 준다.
- **단백질 보호**
  - 탄수화물이 부족하면 몸은 에너지를 만들기 위해 단백질을 분해하므로 근육 유지에 방해가 될 수 있다.

③ 탄수화물이 풍부한 음식

곡류 및 전분류	과일류
쌀, 현미, 보리, 귀리, 밀, 옥수수 빵, 국수, 파스타, 시리얼 감자, 고구마, 고구마말랭이, 타피오카	바나나, 사과, 포도, 망고, 배 감, 무화과, 파파야, 석류

채소류	콩류 및 견과류	유제품
당근, 옥수수, 단호박, 완두콩, 감자	강낭콩, 병아리콩, 렌틸콩 땅콩, 캐슈너트	우유, 요거트, 치즈

Tip: 단순 탄수화물(설탕, 과자, 사탕)보다는 **복합 탄수화물(현미, 감자, 콩류)**을 섭취하는 것이 건강에 좋다!

④ 탄수화물 섭취 시 주의사항

- **부족할 때**
  - 영유아가 탄수화물을 충분히 섭취하지 않으면 뇌 발달과 성장에 부정적인 영향을 미칠 수 있다.
  - 피로, 집중력 저하, 체중 감소 등이 나타날 수 있다.
- **과도할 때**
  - 과도한 섭취는 비만, 당뇨병, 고지혈증과 같은 대사질환을 유발할 수 있다.
  - 소아비만과 같은 문제도 발생할 수 있으므로 섭취량을 조절해야 한다.

적절한 탄수화물 섭취는 건강한 삶을 유지하는 핵심이다. 몸에 필요한 에너지를 공급하면서 근육 보호, 장 건강 유지, 성장 지원까지 다양한 역할을 한다. 따라서 균형 잡힌 식단을 통해 필요한 만큼 섭취하는 것이 중요하다.

(2) 키 대장 단백질

① 단백질이란?

단백질은 근육, 뼈, 장기, 피부, 머리카락 등 우리 몸을 구성하는 주요 요소이다. 효소, 호르몬, 면역체를 생성해 신체 성장과 생명 유지에 필수적이며, 1g당 4kcal의 에너지를 제공한다. 탄수화물이나 지방이 부족할 경우 에너지원으로도 사용된다.

② 단백질의 역할

- **몸의 구성과 성장**
  - 근육, 뼈, 피부, 장기 등을 만드는 데 사용된다.
  - 조직 재생과 근육 형성을 돕는다.
- **면역력 강화**
  - 항체를 생성하여 질병과 감염으로부터 몸을 보호한다.
- **효소와 호르몬 생성**
  - 소화 효소와 호르몬을 만들어 대사 조절과 생리 기능 유지에 기여한다.
- **에너지 공급**
  - 탄수화물이나 지방이 부족할 때 에너지원으로 사용된다.

③ 단백질이 풍부한 음식

- **동물성 단백질**: 고기, 생선, 달걀, 우유 등
- **식물성 단백질**: 콩, 두부, 견과류 등

④ 단백질 섭취 시 주의사항

- **부족할 때**
  - 어린이와 청소년: 성장과 발달 지연
  - 성인: 피로, 빈혈, 면역력 약화로 감염 위험 증가
- **과도할 때**
  - 체중 증가: 남은 단백질은 체지방으로 전환되어 비만을 유발할 수 있다.
  - 신장 부담: 신장 기능 저하 위험이 증가한다.
  - 심장병과 고혈압: 동물성 단백질을 과다 섭취하면 심장 질환 위험이 커질 수 있다.

단백질 섭취는 건강한 삶을 유지하는 데 필수적이지만, 과잉 섭취와 부족은 모두 건강 문제를 유발할 수 있다. 균형 잡힌 식단을 통해 적정량을 섭취하는 습관이 필요하다.

(3) 쌓기 대장 지방

① 지방이란?

지방은 우리 몸에 에너지를 저장하고, 체온을 유지하며, 세포막을 구성하는 데 꼭 필요한 영양소이다. 지방은 1g당 9kcal의 에너지를 제공하며, 비타민 A, D, E, K와 같은 지용성 비타민의 흡수를 돕는 중요한 역할을 한다.

② 지방의 역할

- **에너지 저장**: 신체 활동과 생존을 위한 에너지를 저장하고 제공한다.
- **체온 유지**: 몸을 감싸 체온을 일정하게 유지한다.
- **세포막 구성**: 세포의 보호막을 형성해 신체 기능을 지원한다.

- **비타민 흡수**: 지용성 비타민(A, D, E, K)이 몸에 흡수되도록 돕는다.
- **호르몬 생성**: 특정 호르몬을 생성하는 데 필수적이다.

③ 지방이 풍부한 음식

- **포화 지방**: 고기, 버터, 치즈, 코코넛 오일
- **불포화 지방**: 생선, 올리브유, 아보카도, 견과류, 씨앗류
- **트랜스 지방**: 가공식품, 마가린, 패스트푸드(섭취를 줄이는 것이 좋음)

④ 지방 섭취 시 주의사항

- **부족할 때**
  - 비타민 결핍으로 인한 건강 문제 발생
  - 체온 유지 어려움
  - 에너지 부족으로 인한 피로감
- **과다 섭취할 때**
  - 비만, 심혈관 질환, 고혈압 등 건강 문제 발생 가능
  - 트랜스 지방 섭취 시 염증 반응 증가

Tip: 건강한 지방 섭취를 위해 불포화 지방 위주로 섭취하고, 포화 지방과 트랜스 지방은 적정량을 유지하는 것이 중요하다.

(4) 비타민

① 비타민이란?

비타민은 우리 몸이 성장하고 건강을 유지하는 데 꼭 필요한 영양소이다. 과일과 채소 같은 식품에 많이 들어 있으며, 음식마다 포함된 종류와 양이 다르다. 몸에서 필요한 양은 많지 않지만, 비타민이 부족하면 다양한 결핍증이 생길 수 있어 균형 잡힌 식단이 중요하다.

② 비타민의 역할

- **비타민** A: 시력 보호, 면역력 강화
- **비타민** B: 에너지 대사 촉진, 신경계 건강 유지
- **비타민** C: 항산화 작용, 면역력 증진, 피부 건강 유지
- **비타민** D: 뼈 건강 유지, 칼슘 흡수 촉진
- **비타민** E: 세포 보호, 항산화 작용
- **비타민** K: 혈액 응고 조절, 뼈 건강 유지

③ 비타민이 풍부한 음식

- **비타민** A: 당근, 시금치, 고구마, 계란, 간
- **비타민** B: 현미, 달걀, 육류, 생선, 견과류
- **비타민** C: 오렌지, 키위, 감, 딸기, 브로콜리
- **비타민** D: 연어, 참치, 달걀노른자, 버섯
- **비타민** E: 아몬드, 해바라기씨, 올리브유
- **비타민** K: 케일, 브로콜리, 시금치

④ 비타민 섭취 시 주의사항

- 지용성 비타민(A, D, E, K)은 과다 섭취 시 체내에 축적될 수 있으므로 주의해야 한다.
- 수용성 비타민(B, C)은 과다 섭취 시 소변으로 배출되지만, 균형 잡힌 섭취가 중요하다.
- 가공식품의 인공 비타민보다는 자연식품에서 섭취하는 것이 바람직하다.
- 비타민 보충제 섭취 시 영양제 간 상호작용을 고려하고, 필요시 전문가 상담을 받는다.

(5) 무기질

① 무기질이란?

무기질은 우리 몸이 건강하게 작동하는 데 꼭 필요한 영양소이다. 뼈를 튼튼하게 만들고, 혈액을 생성하며, 몸속 수분과 영양 균형을 유지하는 등 다양한 역할을 한다. 예를 들어, 칼슘과 인은 뼈와 치아를 튼튼하게 만들고, 철분은 혈액을 생성한다. 나트륨과 칼륨은 혈압과 체내 수분 균형을 조절한다.

② 무기질의 역할

무기질(미네랄)은 신체 기능을 조절하고 유지하는 필수 영양소로, 뼈와 치아 형성, 신경 및 근육 기능 조절, 체내 대사 작용 등에 중요한 역할을 한다.

■ 주요 무기질과 역할

- **칼슘**(Ca): 뼈와 치아 형성, 근육 수축 조절
- **철**(Fe): 혈액의 헤모글로빈 생성, 산소 운반
- **마그네슘**(Mg): 근육과 신경 기능 조절, 에너지 대사

- **칼륨**(K): 체내 수분 균형 유지, 혈압 조절
- **나트륨**(Na): 체액 균형 유지, 신경 전달 조절
- **아연**(Zn): 면역력 강화, 세포 성장 촉진
- **인**(P): 뼈와 치아 건강 유지, 에너지 대사

③ 무기질이 풍부한 음식

- **칼슘**: 우유, 치즈, 요구르트, 멸치, 시금치, 두부
- **철**: 쇠고기, 돼지고기, 달걀노른자, 시금치, 콩
- **마그네슘**: 견과류(아몬드, 캐슈너트), 바나나, 해조류
- **칼륨**: 바나나, 감자, 오렌지, 토마토
- **나트륨**: 소금, 가공식품(과다 섭취 주의)
- **아연**: 굴, 닭고기, 견과류, 콩류
- **인**: 고기, 생선, 우유, 견과류

④ 무기질 섭취 시 주의사항

- **칼슘**: 너무 많이 섭취하면 신장결석 위험 증가한다.
- **철**: 과다 섭취 시 소화 장애 및 철 중독 위험하다.
- **나트륨**: 고혈압과 심혈관 질환 예방을 위해 과다 섭취를 주의해야 한다.
- **무기질 균형 유지**: 특정 무기질을 과도하게 섭취하면 다른 무기질 흡수를 방해할 수 있다(예: 칼슘 과다 섭취 시 철 흡수 저하).

음식에서 자연스럽게 섭취하는 것이 가장 좋으며, 보충제 복용 시 전문가 상담이 필요하다.

(6) 물(생명 유지의 필수 영양소)

① 물이란?

물은 인간 생명 유지에 가장 중요한 필수 영양소이다. 다른 영양소 없이 몇 주~몇 달을 버틸 수 있지만, 물 없이는 며칠밖에 생존할 수 없다. 우리 몸의 약 60~70%가 물로 이루어져 있어 생리 기능을 유지하는 데 필수적이다.

② 물의 역할

- **영양소 운반**: 혈액의 주요 성분으로, 영양소와 산소를 몸 전체로 운반한다.
- **체온 조절**: 땀과 체내 수분의 증발을 통해 체온을 일정하게 유지한다. 땀을 흘릴 때뿐만 아니라, 피부와 호흡을 통해 자연적으로 수분이 증발하며 열을 방출하여 체온 조절에 기여한다.
- **노폐물 배출**: 소변과 땀을 통해 노폐물과 독소를 제거한다.
- **몸 보호**: 내부 장기와 관절을 충격으로부터 보호한다.

■ 수분 부족의 위험성

- **수분 1~2% 부족**: 갈증을 느끼고, 집중력이 떨어지며 피로가 생긴다.
- **수분 20% 부족**: 생명이 위험해질 수 있다.

③ 물이 풍부한 음식

수분이 많이 포함된 음식은 체내 수분 유지와 수분 보충에 도움을 준다.

과일류(수분 함량 80~95%)	채소류(수분 함량 85~95%)	기타
수박 (92%)	상추 (95%)	코코넛워터 (95%)
오이 (96%)	샐러리 (95%)	수프, 국, 죽류 (85%)
딸기 (91%)	토마토 (94%)	요거트 (85%)
오렌지 (86%)	브로콜리 (91%)	
포도 (81%)	시금치 (91%)	

④ 물 섭취 시 주의사항

- **하루 권장량**: 성인은 하루 약 1.5~2L(8잔)의 물을 마시는 것이 적절하다.
- **운동 시 추가 섭취**: 땀을 많이 흘릴 경우 추가로 물을 마셔야 한다.
- **식사 중 과다 섭취 주의**: 식사 중 물을 너무 많이 마시면 소화 효소가 희석되어 소화가 방해될 수 있다.
- **갈증이 없더라도 일정량 섭취**: 갈증을 느낄 때는 이미 수분 부족 상태일 수 있으므로 규칙적으로 물을 마시는 것이 좋다.
- **과도한 물 섭취 주의**: 한꺼번에 너무 많은 물을 마시면 저나트륨혈증(물 중독) 위험이 있다.
- **카페인 음료 대체 주의**: 커피, 차, 탄산음료 등은 이뇨 작용을 촉진해 오히려 수분 손실을 유발할 수 있다.

■ **탈수 위험이 높은 상황**

- 더운 날씨: 땀을 많이 흘리므로 수분이 빨리 소실된다.
- 운동할 때: 수분과 전해질을 보충해야 한다.
- 비행기 탑승 시: 공기 중 습도가 낮아 탈수 위험이 커진다.
- 설사 · 구토 시: 체내 수분과 전해질 부족이 발생할 수 있다.
- 열이 날 때: 체온을 낮추기 위해 수분이 더 필요하다.
- 겨울철 난방 사용 시: 건조한 실내 환경이 피부와 점막을 건조하게 만든다.

물을 충분히 마시는 것은 단순히 목을 축이는 것 이상의 의미가 있다. 물은 생명 유지, 건강 관리, 신체 기능 조절 등 모든 면에서 필수적이므로 수분 섭취에 항상 신경 써야 한다. 하루 8잔(약 2리터)의 물을 마시는 습관을 길러 건강을 지켜야 한다.

4. 영유아교육기관에서의 영양교육

(1) 식품 구성 자전거

식품 구성 자전거는 건강한 식생활을 위해 균형 잡힌 식단을 제안하는 식품군 안내 모델이다. 자전거의 바퀴는 6가지 주요 식품군을 나타내며, 각 식품군의 비율과 섭취량을 시각적으로 보여준다. 이를 참고하면 올바른 식습관을 유지할 수 있다.

식품 구성 자전거의 6가지 식품군

1. 곡류(밥, 빵, 국수 등)

- 에너지원으로 가장 많은 양이 필요하다.
- 자전거 바퀴에서 가장 큰 면적을 차지한다.

2. 어육류(고기, 생선, 달걀, 콩류 등)

- 단백질과 무기질을 공급해 성장과 면역력 강화에 필수적이다.

3. 채소

- 비타민, 무기질, 식이섬유의 주요 공급원으로, 면역력 강화와 소화 촉진을 돕는다.

4. 과일

- 비타민 C, 항산화 물질을 제공해 피로 회복과 면역력 유지에 좋다.

5. 우유 및 유제품

- 칼슘과 단백질을 공급해 뼈와 치아 건강을 유지한다.

6. 지방과 당류

- 에너지 보충 역할을 하지만, 과도한 섭취는 비만과 질병을 유발할 수 있으므로 가장 적게 먹어야 한다.

▪ 건강한 생활을 위한 추가 팁

- 충분한 수분 섭취: 물을 충분히 마셔 수분 균형과 신진대사를 유지하여야 한다.
- 적절한 운동: 운동은 체중 조절과 심혈관 건강에 도움을 준다.

식품 구성 자전거는 골고루 알맞은 양을 먹는 데 도움이 되는 훌륭한 가이드이다. 6가지 식품군을 균형 있게 섭취하고 운동과 수분 보충을 함께 실천하면 건강한 생활을 유지할 수 있다.

출처: 보건복지부, 한국영양학회.

(2) 열량과 소화

① 열량

식품에 들어 있는 탄수화물, 지방, 단백질은 우리 몸에서 에너지를 만든다. 이 에너지를 '열량'이라고 한다. 열량은 보통 'Kcal'로 표시되며, 원래는 '킬로칼로리'라고 읽어야 하지만, 흔히 '칼로리'라고 부른다. 탄수화물과 단백질은 1그램당 4킬로칼로리의 에너지를 내고, 지방은 1그램당 9킬로칼로리를 낸다.

건전지가 완전히 소모되면 작동하지 않는 것처럼, 사람도 몸의 에너지가 모두 소모되면 활동할 수 없다. 사람이 활동하려면 일정한 양의 에너지가 꼭 필요하다.

활동	소모 열량	활동	소모 열량
농구	10	스케이트	5.8
등산	9	에어로빅	5.0
스키	8.8	청소	3.7
조깅	7	자전거	3.0
테니스	6.1	걷기	3.0

〈필요 추정량〉

- 1~2세: 에너지 1,000 kcal/day
- 3~5세: 1,400 kcal/day
- 6~8세: 남 1,600 kcal/day, 여 1,500 kcal/day
- 9~11세: 남 2,400 kcal/day, 여 2,000 kcal/day

② 소화의 과정

음식이 우리 몸에 흡수되려면 잘게 부서져야 한다. 이렇게 음식이 작은 단위로 분해되어 흡수될 수 있게 되는 과정을 '소화'라고 한다. 우리가 먹은 음식은 입에서 시작해 식도, 위, 소장(작은창자), 대장(큰창자), 직장(곧은창자)을 거쳐 항문까지 이동한다. 이 약 7~8미터 길이의 소화관을 지나면서 음식이 소화되고 필요한 영양분이 흡수되며, 남은 찌꺼기는 항문을 통해 배출된다.

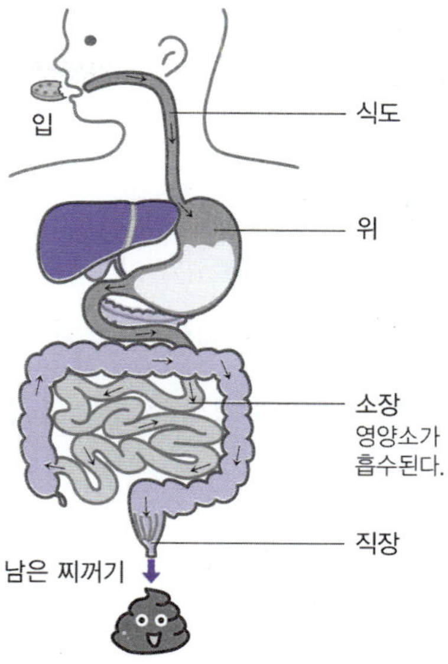

■ **방귀란?**

음식을 먹을 때 들어온 공기와 장 속 미생물이 음식물을 발효하면서 생긴 가스가 합쳐져 방귀가 나온다. 즉, 방귀는 소화가 잘 되고 있다는 신호이다. 보통 방귀를 참으면 잠을 잘 때 저절로 나오기도 하고, 일부 방귀는 변과 함께 배출되거나 장벽을 통해 혈액으로 녹아 들어가기도 한다. 무리하게 방귀를 참으면 장에 가스가 차고 변비에 걸릴 수 있으니 주의해야 한다.

(3) 영유아의 영양 관리

① 영유아기의 영양 관리 고려 사항

- **균형 잡힌 영양 공급**: 영유아가 다양한 영양소를 골고루 섭취할 수 있도록 해야 하며, 이 시기에 필요한 영양소 권장 섭취량을 충족시키는 것이 중요하다.
- **편식 예방**: 영유아기의 편식은 영양의 과다 또는 부족을 초래할 수 있

기 때문에, 이 시기부터 올바른 식습관을 형성할 수 있도록 도와야 한다.

② 영유아 간식

- **하루 간식의 양**: 하루 에너지 필요량의 10~15% 정도가 적당하다.
- **간식 시기**: 영유아 시기에는 오전과 오후에 2번, 아동기에는 하루에 1번이 적당하며, 다음 식사까지 2시간 정도의 간격을 두어야 다음 식사에 영향을 미치지 않는다.
- **간식의 내용**: 세 끼 식사에서 부족하기 쉬운 영양소를 보충할 수 있는 식품을 선택하는 것이 좋다.

■ 간식으로 적절한 식품

- **에너지원을 섭취할 수 있는 식품**: 탄수화물이나 지방을 포함한 음식이 에너지원을 제공한다.
- **단백질과 칼슘을 섭취할 수 있는 식품**: 고기, 생선, 달걀, 콩류, 우유, 유제품 등이 단백질과 칼슘을 공급한다.
- **비타민과 무기질을 섭취할 수 있는 식품**: 과일과 채소가 비타민과 무기질을 제공한다.
- **음료**: 설탕이 첨가되지 않은 무가당 주스, 우유, 두유, 요구르트, 미숫가루, 전통 음료 등을 선택하는 것이 좋다.

■ 간식으로 적절하지 않은 식품

- **칼로리가 높고 설탕과 지방이 많이 든 식품**: 이런 식품들은 칼로리가 높아 체중 증가를 일으킬 수 있으므로, 섭취를 줄이는 것이 좋다.

(4) 다양한 영양 식재료 섭취 교육

① 제철 식품

계절에 따라 자연 그대로 자란 식품이나 오래 저장하지 않은 식품은 여러 가지 장점이 있다.

- **맛있고 몸에 좋다**: 제철 식품은 가장 신선하고 맛이 좋으며, 영양도 풍부하다.
- **안전하다**: 자연 그대로 자란 식품은 화학물질 사용이 적어 비교적 안전하다.
- **자원이 절감된다**: 제철 식품은 불필요한 저장이나 비닐하우스 재배가 필요 없으므로, 에너지와 자원을 절약할 수 있다.

■ 사계절 제철 식품

- 봄(3~5월): 달래, 냉이, 쑥, 씀바귀, 도라지, 마늘 종, 미나리, 더덕 등
  생선 중에는 조기, 굴비, 양미리, 우럭, 꽁치 등
- 여름(6~8월): 딸기, 수박, 참외, 토마토, 열무, 오이, 애호박, 깻잎, 풋고추 등
  생선 중에는 민어, 새우, 성게, 미꾸라지 정도, 산란기에 접어들어 제 맛 나는 게 그리 많지 않음
- 가을(9~11월): 사과, 배, 감, 밤, 대추, 유자, 모과 등 과일이 많음
  버섯류도 많이 나며 토란, 연근, 무, 배추, 고구마 등이 흔함
  갈치, 고등어 같은 생선이 맛있음
- 겨울(12~2월): 과일로는 감귤, 오렌지, 레몬 등이 있음
  채소로는 당근, 시금치, 우엉, 양배추 등이 많이 남
  생선으로는 도미, 청어, 명태, 가자미 등은 물론 굴과 꽁치도 좋음

② 컬러푸드

컬러푸드는 농산물에 들어 있는 색깔 성분인 '피토케미컬'이 풍부한 식품이다. 피토케미컬은 식물성 식품 속에 소량 들어 있는 물질로, 영양소로 분류되지는 않지만 우리 몸의 건강을 유지하는 데 중요한 역할을 한다. 신선한 과일, 채소, 콩류 등에 많이 들어 있으며, 밝고 선명한 색을 가진 식품일수록 피토케미컬과 미량 영양소가 다양하게 포함되어 있다.

빨간 농산물에는 '리코펜'이라는 성분이 많이 들어 있다. 리코펜은 혈관을 튼튼하게 유지하고, 심장병을 예방하며, 심장을 튼튼하게 해서 지구력을 높이고 세포의 노화를 막아준다. 특히 토마토 같은 리코펜이 많은 음식은 기름에 익혀 먹으면 우리 몸에서 더 잘 흡수된다.

붉은 고추

토마토

수박

딸기

노란 계열의 농산물에는 '카로틴'이라는 성분이 많이 들어 있다. 카로틴은 우리 몸 속에서 비타민 A로 바뀌어 시력을 보호하고 야맹증을 예방하는 데 중요한 역할을 한다. 또한, 카로틴은 암을 유발하는 활성산소의 생성과 활동을 억제하는 효과도 있다.

당근

옥수수

파인애플

감

보라색 농산물에는 '안토시아닌'이라는 성분이 많이 들어 있다. 안토시아닌은 혈액을 맑게 해주고, 심장병과 뇌졸중을 예방하는 데 도움을 준다. 보라색 성분은 주로 껍질에 많이 들어 있으며, 노화를 방지하고 항암 효과도 있다. 대부분의 보라색 농산물은 껍질째 먹을 수 있어 건강에 더 좋다.

가지

블루베리

포도

비트

마늘과 양파 같은 흰색 농산물에는 '알리신'과 '쿼세틴'이라는 성분이 많이 들어 있다. 이 성분들은 암을 예방하고, 오염물질과 흡연으로부터 폐를 보호하는 역할을 한다. 또한, 마늘즙은 농약 대신 농사에 사용할 수 있을 정도로 유용하다.

마늘

무

양파

배

초록색 농산물에는 초록색을 만드는 엽록소뿐만 아니라 다양한 비타민과 섬유소가 들어 있다. 섬유소는 변비와 비만을 예방하는 데 도움이 된다. 초록색 농산물은 '살아 있는 비타민'이라고도 불리며, 비타민제를 먹는 것보다 음식으로 섭취하는 것이 훨씬 효과적이다.

양상추

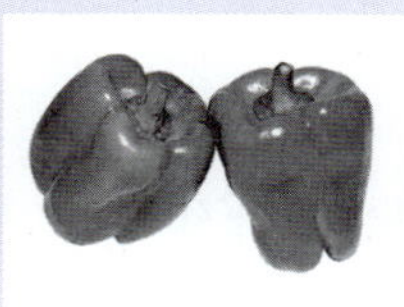
피망

애호박

브로콜리

검은색 농산물은 뇌 건강을 도와주고 몸속 노폐물을 제거하는 능력이 있다. 또한, 노화, 혈관 질환, 성인병을 예방하는 데도 좋다. 검은색 농산물은 기억력을 향상시키고, 골다공증을 예방하며, 신체 기능을 개선하고 머리카락을 건강하게 유지하는 데 도움이 된다.

검정 쌀

검정 콩

검정 깨

목이버섯

③ 발효식품

음식이 오래되면서 미생물이 작용하여 우리 몸에 더 좋은 음식으로 변하는 것을 발효라고 한다. 음식 속에 해로운 미생물(부패균)이 활동하면 음식이 상하게 되지만, 이로운 미생물(유익균)이 활동하면 음식이 발효된다.

■ 유산균의 영향

미생물의 종류와 식품 재료에 따라 주류, 장류, 유제품, 절임류 등 다양한 발효식품이 만들어진다. 발효식품의 영양학적 장점은 여러 연구를 통해 밝혀지고 있다. 특히 김치와 요구르트에 많이 들어 있는 유산균은 다음과 같은 건강에 좋은 영향을 준다.

- 소장에서 콜레스테롤의 흡수를 막아 성인병을 예방한다.
- 소장과 대장에서 유해균을 없애 장 건강을 개선한다.
- 면역력을 강화한다.
- 암을 예방하는 데 도움을 준다.

■ 우리나라 발효식품

옛날부터 우리 조상들은 오래 보관해도 상하지 않고 맛이 좋은 발효식품을 개발하여 사용해 왔다.

김치

신선한 재료를 얻을 수 없었던 겨울철에 대비하여 만들게 되었다. 김치는 사용하는 채소와 지역에 따라 종류가 다양하다.

된장

콩으로 만든 메주에 소금물을 부어 발효시킨 후 액체 부분은 떠내어 간장을 만들고, 남은 건더기에 소금을 더 넣어 된장을 만든다.

젓갈

어패류의 살, 알, 또는 내장에 소금을 쳐서 발효시킨 음식이다. 재료에 따라 종류가 매우 다양한데 새우젓, 조개젓, 굴젓 등이 있다.

막걸리

곡류를 쪄서 건조시킨 후 누룩과 물을 섞어 발효시킨 전통 술이다. 주로 쌀이나 밀가루를 이용하여 만든다.

생각해보기

■ 영유아를 위한 영양교육 관련 동요를 만들어 보세요.

예 동요: "영양소 나라"

(Verse 1) 비타민은 힘을 주고
철분은 피를 만든대요!
단백질은 근육 키우고,
골고루 먹자, 우리 몸 튼튼!

(Chorus) 영양소 나라로 떠나봐요,
몸에 좋은 음식 찾아요!
골고루 먹으면 힘이 나요,
우린 건강한 친구들!

(Verse 2) 탄수화물은 에너지 팡팡! ⚡
칼슘은 뼈를 튼튼하게!
좋은 지방 피부를 지켜요,
우리 몸이 좋아하는 친구들!

(Chorus) 영양소 나라로 떠나봐요,
몸에 좋은 음식 찾아요!
골고루 먹으면 힘이 나요,
우린 건강한 친구들!

(Bridge) 너무 달콤한 간식은 조금만,
건강한 채소와 과일 좋아요!
우유 한 잔, 물 한 잔,
매일매일 행복해!

(Chorus) 영양소 나라로 떠나봐요,
몸에 좋은 음식 찾아요!
골고루 먹으면 힘이 나요,
우린 건강한 친구들!

(Outro) 건강한 음식, 영양소 사랑!
행복한 몸으로 뛰어봐요!

❖ 영유아를 위한 영양교육 관련 동요 ❖

주제 선정	

Chapter 6

정신건강

최근 신체 건강뿐만 아니라 정신건강의 중요성도 크게 강조되고 있다. 성인뿐만 아니라 영유아기의 정신건강 또한 매우 중요한데, 이는 영유아의 건강한 성장과 발달에 필수적인 요소로 반드시 고려되어야 한다. 이에 본 장에서는 정신건강의 개념과 중요성을 살펴보고, 정신건강에 영향을 미치는 요인들을 분석하며, 영유아기 시기에 정신건강 문제를 예방하고 증진하기 위한 교육 방안을 살펴보고자 한다.

1. 정신건강의 이해
2. 정신건강의 중요성
3. 정신건강에 영향을 미치는 요인
4. 영유아기 정신건강의 다양한 문제
5. 영유아교육기관에서의 정신건강 교육 전략

들어가기

- 자신의 현재 기분을 온도계로 표현하고, 이를 통해 기분 변화에 대해 이야기를 나눠 보세요.

출처: DALL-E 도구로 생성했음.

기분 온도계를 제작해 보세요.
온도계 형태 그리기 종이 한쪽에 큰 온도계 모양을 그립니다. 온도계의 길이는 기분의 정도를 세분화할 수 있을 정도로 충분히 길게 그립니다. **단계 나누기** 온도계에 기분 단계를 나눌 선을 긋습니다. • 아래쪽: "차분함" 또는 "행복함" • 중간: "중립" 또는 "보통" • 위쪽: "짜증남" 또는 "화남" 각 단계에 색을 지정합니다. 예를 들어, 행복은 노란색, 중립은 초록색, 화는 빨간색 등으로 색칠합니다. **기분 아이콘 추가** 단계별로 아이콘(웃는 얼굴, 무표정, 화난 얼굴 등)을 그리거나 붙여 시각적으로 명확히 표시합니다.

1. 정신건강의 이해

1) 정신건강의 개념

정신건강은 원래 정신질환의 유무를 판단하기 위해 사용된 용어였으나, 현재는 그 의미가 더 넓은 개념으로 확장되었다. 정신건강은 단순히 정신질환이 없는 상태가 아니라, 사회생활에 잘 적응하고 바람직한 사고와 행동을 할 수 있는 건강한 정신적 상태를 의미한다.

세계보건기구(WHO)는 정신건강을 다음과 같이 정의한다.

- 자신의 능력을 실현하고,
- 일상적인 스트레스에 잘 대처하며,
- 생산적인 활동을 수행하고,
- 지역사회에 기여할 수 있는 상태

이는 정신적 장애가 없는 상태뿐 아니라, 사회적 적응력과 자아실현을 통해 삶의 만족과 행복감을 느끼는 상태를 포함한다.

2) 영유아 정신건강

영유아의 생애 초기에 경험하는 정서적, 심리적, 사회적 안녕 상태를 의미한다. 이는 영유아가 환경과 긍정적으로 상호작용하고, 감정을 효과적으로 조절하며, 안정적이고 건강한 관계를 형성할 수 있는 능력을 포함한다. 영유아 정신건강은 발달 과정에서 중요한 기반을 제공하며, 전 생애에 걸쳐 심리적 안정성과 사회적 기능에 영향을 미친다.

■ 영유아 정신건강의 주요 구성 요소

- **정서적 안정성**
  - 아이들이 두려움, 불안, 슬픔 등 다양한 감정을 인식하고, 이를 조절할 수 있는 능력
  - 애착 관계를 통해 안정감을 느끼고, 스트레스 상황에서도 회복력을 보이는 특성
- **사회적 상호작용**
  - 또래와의 관계, 부모 및 돌봄자와의 상호작용에서 나타나는 긍정적인 행동
  - 상호작용 과정에서 감정 이입과 협력의 기초를 배우는 것
- **발달 단계에 적합한 행동**
  - 나이에 적합한 탐구, 놀이, 의사소통 등의 발달 과업을 수행하며, 성장에 필요한 심리적 자원을 확보하는 것
- **건강한 애착 형성**
  - 영유아가 부모나 주요 돌봄자와 안정적인 관계를 맺음으로써 신뢰와 안정감을 느끼는 것
  - 애착은 이후 사회적 관계와 자아 정체성 형성에 중요한 역할을 함

2. 정신건강의 중요성

1) 정신건강의 중요성

- **개인적 행복과 삶의 질 향상**
  정신적으로 건강하면 감정 조절이 잘 되고, 긍정적인 사고와 행복감을 느낄 수 있다.
- **사회적 성공과 기여**
  개인이 자신의 능력을 최대한 발휘하고, 사회적 관계를 잘 유지하며, 생산적인 일을 할 수 있다.
- **정신질환 예방**
  스트레스를 효과적으로 관리함으로써 우울증, 불안증과 같은 정신질환을 예방할 수 있다.

정신건강은 단순히 질병이 없는 상태를 넘어서, 삶의 질을 향상시키고 잠재력을 실현하며 사회적 관계에서 긍정적 역할을 할 수 있는 상태이다. 정신건강이 개인의 행복과 사회적 성공에 중요한 역할을 한다는 점을 기억하고, 이를 위해 자기 관리와 정서적 지원이 필요하다.

2) 영유아기 정신건강의 중요성

현대사회에서는 영유아의 정신건강이 심각한 위협을 받고 있다. 여성의 사회 진출이 증가하면서 영유아가 교육기관에서 보내는 시간이 늘어나고, 집단생활에 적응해야 하는 상황이 많아졌다. 또한, 부모의 이혼, 가족 해체, 경제적 어려움, 교육 압력 등 여러 가지 이유로 영유아들이 스트레스와 정신적 문제를 겪는 경우가 많아지고 있다(굿네이버스, 2016). 영유아기는 성격 형성과 사회적 기술, 능력이 발달하는 중요한 시기이다. 이 시기에 정신건강 문제가 발생하면 정상적인 발달과 건강한 성장을 방해할 수 있다. 특히 영유아는 자기 보호 능력이 부족하고 외부 환경 변화에 취약하여 스트레스에 대처하는 능력이 미흡하기 때문에, 부모와 교사의 역할이 매우 중요하다. 이들이 영유아에게 안정감을 주고, 환경에 잘 적응하도록 적절한 지원과 환경을 제공해야 한다. 영유아기에 나타난 정신건강 문제를 방치하면, 나중에 청소년기나 성인기에 신경증, 우울증, 사회부적응 같은 문제로 이어질 수 있다. 최근에는 영유아의 정신 문제를 조기에 발견하고, 치료와 상담을 통해 개입하려는 시도가 늘고 있다(보건복지부, 2013). 영유아기의 정신건강은 앞으로의 성장과 발달에 큰 영향을 미치기 때문에 중요하다. 이를 위해 부모와 교사는 영유아에게 안정된 환경과 적절한 지원을 제공하고, 문제가 발생했을 때 조기에 개입하여 예방하는 것이 필요하다. 이를 통해 영유아들이 건강하게 성장하고, 사회에 잘 적응할 수 있도록 돕는 것이 중요하다.

3. 정신건강에 영향을 미치는 요인

1) 기질적 요인

(1) 기질

기질은 신생아가 선천적으로 타고나는 정서적 성향과 행동 특성을 의미한다. 신생아들은 생후 초기부터 각기 다른 성격적 특징을 보이며, 이러한 차이는 유전적 요인과 환경적 요인이 결합해 형성된다. 연구 결과 순한 기질은 40%, 까다로운 기질은 10%, 느린 기질은 15% 정도로 나타났으며, 35%의 영아는 어느 집단에도 속하지 않는 것으로 나타났다.

(2) 기질의 다양한 유형

- **조용하고 순한 아기**: 잘 울지 않고 안정적이며 쉽게 적응함
- **명랑하고 활발한 아기**: 잘 웃고 호기심이 많아 새로운 것을 쉽게 탐색함
- **활기차고 민첩한 아기**: 에너지가 넘치고 행동이 빠르며 적극적임
- **수줍고 신중한 아기**: 낯가림이 심하고 변화에 천천히 적응함
- **까다롭고 예민한 아기**: 자주 울고 보채며 민감하게 반응함

(3) 기질의 형성과 변화 요인

기질은 선천적으로 타고나는 특성이지만, 후천적 환경의 영향을 받아 변화하기도 한다.

- **임신 중 환경**: 산모의 건강 상태와 정서적 안정감이 태아에게 영향을 미친다.
- **출생 후 환경**: 부모의 양육 방식과 정서적 지지는 아이의 기질 발달에 중요한 역할을 한다.
- **사회적 맥락과 개인적 경험**: 형제 관계, 또래 친구, 교육 환경 등 사회적 경험은 기질을 조절하고 발달 방향을 결정한다.

(4) 기질이 정신건강에 미치는 영향

기질은 개인의 고유한 특성으로, 정신건강에 중요한 영향을 미친다. 부모와 교사가 아이의 기질을 이해하고 수용하며 긍정적인 환경을 제공하면, 아이는 자신의 기질을 장점으로 발전시키며 건강한 정신적 성장의 기반을 마련할 수 있다.

영아기에는 기질이 부모, 특히 주 양육자인 어머니와의 관계에 크게 작용하여 정신건강에 직접적인 영향을 미친다. 예를 들어, 순한 기질의 영아는 규칙적인 신체 리듬과 낯선 환경에 대한 긍정적인 적응력 덕분에 안정된 관계를 형성하기 쉬우며, 이는 정신적으로도 긍정적인 영향을 준다. 반면, 까다로운 기질의 영아는 자주 울고 부정적인 감정을 자주 드러내 부모에게 스트레스를 유발하며, 이러한 스트레스는 부모와 영아 간의 상호작용을 부정적으로 만들어 정신건강에 부정적인 영향을 미칠 수 있다.

부모의 양육 태도 역시 영아의 기질과 정신건강에 중요한 역할을 한다. 밝고 쾌활한 기질의 영아는 부모의 과도한 제약이나 스트레스를 받으면 소심한 성향으로 변화할 수 있고, 느린 기질의 영아에게 과도한 활동성과 빠른 속도를 요구하면 위축되며 정신적 스트레스를 경험할 가능성이 높아진다.

Thomas와 Chess(1977)는 영아의 기질과 환경이 정신건강에 미치는 영향을 설명하기 위해 '조화의 적합성' 모델을 제시하였다. 이 모델에 따르면, 영아의 기질과 부모의 양육 방식이 조화를 이루면 아이의 기질이 긍정적인 방향으로 발달하고, 정신건강에도 긍정적인 영향을 미친다. 반대로, 조화롭지 못한 관계에서는 까다로운 기질의 아이가 더욱 스트레스를 받으며, 이러한 부정적인 경험은 사춘기 이후까지 지속되어 다양한 문제 행동이나 정신건강 문제로 이어질 가능성을 높인다.

특히 까다로운 기질의 영아에게 인내심과 민감성을 보이는 것은 쉽지 않지만, 이러한 접근은 아이의 정신건강을 보호하고 긍정적인 발달을 촉진하는 데 필수적이다. 부모가 이러한 어려움을 극복하고 아이의 기질에 맞는 적합한 양육 방식을 적용할 때, 아이는 안정된 정서적 기반과 건강한 정신건강을 유지할 수 있다.

2) 심리적 요인

(1) 애착

① 애착

애착은 한 개인이 특정 대상과 형성하는 강한 정서적 유대감으로, 이는 정신건강에 중요한 영향을 미친다. 볼비(1958)는 애착을 '부모와 아기 사이의 애정의 끈'으로 표현하며, 안정된 애착이 정서적 안정과 심리적 회복력을 제공한다고 설명했다.

안정된 애착을 형성한 사람은 정서적으로 안정된 상태를 유지하며, 새로운 환경과 상황에서 호기심과 흥미를 보이고 능동적으로 문제를 해결할 수 있는 긍정적인 태도를 가진다. 이러한 특성은 스트레스 상황에서도 적응력을 높이고, 우울증이나 불안 장애와 같은 정신적 어려움을 겪을 가능성을 낮춘다. 또한, 애착은 자기 조절 능력과 감정이입 능력을 발달시키며, 건강한 대인관계를 형성하는 데 중요한 기초를 제공한다.

반면, 불안정한 애착은 정신건강에 부정적인 영향을 미칠 수 있다. 애착 형성이 불안정한 사람은 정서적 불안, 낮은 자존감, 대인관계의 어려움 등을 겪을 가능성이 높다. 이는 우울증, 불안 장애, 그리고 심리적 스트레스 증가로 이어질 수 있으며, 심한 경우 공격적이거나 회피적인 행동을 보일 수 있다.

특히, 어린 시기에 형성된 애착은 이후의 발달과 밀접하게 연결되어 성인기 정신건강에도 지속적인 영향을 미친다. 안정된 애착은 성인이 되었을 때 신뢰를 바탕으로 한 건강한 인간관계를 유지하고, 스트레스에 효과적으로 대처할 수 있는 심리적 자원을 제공한다. 반대로, 불안정한 애착은 심리적 취약성을 초래하며, 부정적인 대인관계 패턴이 반복될 가능성이 크다.

결론적으로, 애착은 정신건강의 토대가 되며, 유년기에 안정적으로 형성된 애착은 평생에 걸쳐 긍정적인 심리적, 사회적 발달에 중요한 역할을 한다.

② 애착의 유형

안정 애착	안정 애착이 형성된 엄마는 영아의 감정을 세심히 이해하고, 요구에 민감하게 반응하며 아기가 스스로 탐색할 수 있도록 적절한 자유를 허용한다. 이를 통해 안정 애착이 잘 형성된 영아는 기본적인 신뢰감을 바탕으로 주변 사람들과 긍정적인 관계를 형성하며 리더 역할을 맡는 경우도 있다.
회피 애착	회피 애착을 형성한 영아의 엄마는 종종 화가 나 있거나 초조한 감정을 드러내며, 아기의 요구에 무감각하거나 거부하는 태도를 보인다. 또한, 영아와의 신체 접촉을 최소화하는 경향이 있다. 이러한 엄마의 태도로 인해 영아는 엄마에게 안정감을 느끼지 못하고, 엄마를 불안해하거나 회피하는 행동을 보이게 된다.
저항 애착	저항 애착을 형성한 영아의 엄마는 영아를 미워하거나 거부하지는 않지만, 영아의 요구에 대해 무감각하거나 어색하게 반응하는 모습을 보인다.
혼란 애착	회피 애착과 저항 애착이 결합된 형태로 가장 큰 불안정 애착을 나타낸다.

③ 내적 작동 모델

내적 작동 모델(Internal Working Model)은 아이가 초기 애착 경험을 바탕으로 자신과 타인에 대해 형성하는 기본적인 신념과 기대를 말한다. 이 모델은 아이가 세상을 이해하고 대인관계를 형성하는 데 중요한 틀을 제공한다.

내적 작동 모델은 볼비의 애착 이론에서 유래된 개념으로, 내적 작동 모델은 아이가 양육자로부터 받은 애착 경험에 의해 형성된다. 예를 들어, 안정된 애착 관계를 형성한 아이는 자신이 사랑받을 가치가 있다고 믿고, 타인은 신뢰할 만하며 도움이 되는 존재라고 생각한다. 반면, 불안정한 애착 경험을 가진 아이는 자신이 사랑받지 못할 존재라고 느끼거나, 타인을 신뢰하기 어렵다고 생각할 수 있다.

이 내적 작동 모델은 아이의 자아개념과 대인관계 패턴에 큰 영향을 미친다. 긍정적인 애착 경험은 자신에 대한 긍정적 시각과 타인에 대한 신뢰감을 키우며, 이는 성인이 되어서도 건강한 관계를 유지하고 스트레스에 적응하는 데 기여한다. 반대로, 부정적인 애착 경험은 낮은 자존감, 불안, 회피와 같은 문제를 초래할 수 있다.

내적 작동 모델은 한 번 형성되면 지속적으로 아이의 행동과 사고방식을 가이드하지만, 후속 경험과 관계를 통해 수정되거나 변화할 수도 있다. 따라서 안정적이고 긍정적인 관계를 꾸준히 제공하는 것이 아이의 정신적, 사회적 발달에 매우 중요하다.

		자기모델: 긍정적	자기모델: 부정적
타인모델	긍정적	안전한 (안정애착)	몰두된 (저항애착)
타인모델	부정적	포기한 (회피애착)	두려운 (혼돈(혼란)애착)

[그림 6-1] 내적 작동 모델

(2) 정서

아기의 정서 표현은 정신건강의 기초를 형성하는 중요한 요소로, 성장 과정에서 정서가 어떻게 발달하고 조절되는지가 정신건강에 큰 영향을 미친다. 영유아기의 정서 발달은 기본적인 신뢰감과 사회적 능력 형성에 밀접하게 연관되어 있다. 기쁨이나 슬픔 같은 기본 정서를 표현하며 양육자와 긍정적인 상호작용을 쌓는 과정은 아기가 안정감을 느끼고 건강한 애착을 형성하도록 돕는다. 이러한 애착은 아기의 심리적 안정감을 제공하며, 스트레스와 불안에 대처할 수 있는 기반이 된다.

또한, 정서 발달 과정에서 나타나는 다양한 반응은 아기의 감정 조절 능력과 자기 이해 능력을 발전시키는 데 중요한 역할을 한다. 예를 들어, 화나 불편함을 강렬하게 표현하던 영아는 성장하면서 내적인 조절을 배우며 감정을 더 적절하게 표현하는 방법을 익힌다. 이 과정에서 부모와 양육자의 반응이 매우 중요한데, 민감하고 일관된 지지가 이루어질 때 아이는 정서를 긍정적으로 다루는 법을 배우게 된다.

특히, 정서 표현 방식이 발달하며 언어적 표현으로 전환되는 시기는 사회적 관계 형성과 정신건강에 중요한 전환점이 된다. 아이가 자신의 감정을 건강하게 표현하고 조절할 수 있으면, 갈등 상황에서도 긍정적인 해결 방식을 찾을 가능성이 높아진다. 반대로, 정서 표현이 억압되거나 부적절하게 발달할 경우, 이는 불안, 우울, 또는 공격성과 같은 정신건강 문제로 이어질 수 있다.

따라서, 영유아기부터 정서를 이해하고 조절하는 능력을 기르는 것은 성인이 되어서도 건강한 정신 상태를 유지하는 데 중요한 역할을 한다. 아이가 자신의 감정을 자유롭고 적절하게 표현하며, 타인의 감정을 이해할 수 있는 환경을 제공하는 것이 정서 발달뿐만 아니라 평생의 정신건강을 위한 토대가 된다.

(3) 스트레스

영유아기의 스트레스는 단순한 불만에서 시작될 수 있지만, 그 해결 방식과 환경에 따라 정신건강에 긍정적 또는 부정적 영향을 미치는 중요한 요인으로 작용한다.

스트레스는 정상적인 발달 과정에서 누구나 경험할 수 있는 자연스러운 반응으로, 아이가 성장하면서 자신의 욕구를 표현하고 조절하는 데 필요한 과정이다. 그러나 스트레스가 적절히 관리되지 않으면 불안, 우울, 또는 정서적 불안정과 같은 정신건강 문제로 이어질 가능성이 높다.

적절히 관리된 스트레스는 오히려 아이의 정신건강에 긍정적인 영향을 줄 수 있다. 스트레스 상황에서 아이가 안정적이고 지지적인 환경 속에서 문제를 해결하도록 돕는다면, 이는 감정 조절 능력, 회복 탄력성, 그리고 자기 이해 능력을 키우는 계기가 된다. 이러한 경험은 아이가 앞으로 직면할 어려움을 극복하고, 건강한 정신 상태를 유지하는 데 중요한 역할을 한다. 반대로, 스트레스가 반복적으로 방치되거나 해결되지 않을 경우, 아이는 부정적인 감정을 지속적으로 경험하며 심리적 어려움을 겪을 수 있다. 이는 신경 발달, 사회적 관계 형성, 그리고 전반적인 정신건강에 부정적인 영향을 미치게 된다.

따라서 영유아기의 스트레스를 단순히 피해야 할 부정적인 요소로 보기보다는, 적절히 다루고 관리해야 할 중요한 발달 기회로 이해하는 것이 중요하다. 아이의 스트레스를 민감하게 인식하고, 이를 해결할 수 있는 안정적이고 지지적인 환경을 제공하는 것은 평생의 정신건강을 위한 필수적인 토대가 된다.

① 영유아 스트레스의 원인

- **질병**: 신체적 불편감은 아이에게 강한 스트레스 요인이 된다.
- **동생의 출생**: 부모의 관심 부족에 대한 두려움과 형제간 경쟁심이 스트레스를 유발한다.
- **형제간 경쟁**: 사랑과 인정 욕구가 충족되지 않을 때 질투와 불안이 생길 수 있다.
- **좌절과 실패**: 장난감 사용 제한, 실패 경험 등은 좌절감과 무력감을 줄 수 있다.
- **일시적인 부모 부재**: 부모와의 분리는 아이에게 강한 불안감과 정서적 혼란을 유발할 수 있다.

② 영유아 스트레스의 영향

스트레스가 지속되거나 강도가 높을 경우, 아이는 다음과 같은 부정적 영향을 받을 수 있다.

- **정신건강 문제**: 불안, 우울, 분리불안 등
- **문제 행동**: 짜증, 떼쓰기, 공격성, 사회적 고립
- **발달 지연**: 인지 및 정서 발달이 느려질 수 있음

③ 스트레스 관리와 지원 방법

- **부모의 역할**
  - 적극적 경청: 아이의 감정을 공감하고 수용
  - 안정적 양육 환경 제공: 일관성 있는 양육 태도를 유지
  - 애정 표현: 따뜻한 스킨십과 사랑 표현을 통해 안정감을 제공
- **교사의 역할**
  - 긍정적 상호작용: 아이가 사회적 기술을 배울 수 있도록 도와주기
  - 문제 해결 지도: 아이가 자신의 감정을 표현하고 문제를 해결하는 방법을 알려주기
- **조기 개입**
  - 스트레스가 심할 경우, 전문 상담과 심리 치료를 통해 조기 개입이 필요할 수 있다.

영유아의 스트레스는 정상적인 발달 과정에서 불가피하지만, 부모와 교사의 따뜻한 지지와 적절한 개입이 있다면 아이는 건강하게 성장하고 사회적 적응력을 키울 수 있다.

〈표 6-1〉 연령에 따른 스트레스 요인

연령	스트레스 요인
2세	규칙 지키기, 자기중심성, 격리불안, 배변훈련, 잠자는 시간, 과로, 두려움 등
3세	소유욕, 질투, 격리불안, 가벼운 거짓말, 두려움, 언어, 배변, 식사 등
4세	친구와의 사귐, 권리 주장, 성, 두려움 등
5세	유아교육기관, 걱정, 자위행위 등

출처: 허혜경 · 김성희(2015).

3) 다양한 환경적 요인

(1) 가정

현대의 가정환경은 정신건강에 중요한 영향을 미치는 여러 요인으로 작용하고 있다. 가족 구조의 변화는 그중 가장 두드러진 요소이다. 대가족에서 부부 중심의 핵가족으로 바뀌면서, 부부간 갈등이 가족 전체에 미치는 영향력이 더욱 커졌다. 원만하지 못한 부부 관계는 자녀에게 불안정한 정서 환경을 제공하며, 이는 자녀의 정신건강에 부정적인 영향을 미칠 수 있다. 또한, 부모의 바쁜 사회생활과 자녀의 학교생활, 그리고 TV와 같은 매체의 사용이 증가하면서 가족 간 대화가 줄어드는 현상이 나타났다. 이 같은 대화 단절은 가족 구성원 간의 유대감을 약화시키며, 자녀가 정서적 고립감을 느끼게 하여 정신건강 문제를 야기할 수 있다.

부모의 지나친 기대도 또 다른 중요한 요인이다. 자녀에게 과도한 기대를 가지는 경우, 이는 심리적 부담과 스트레스를 유발하여 자녀의 자존감과 정서 안정에 부정적인 영향을 미친다.

결국, 현대의 가정환경 변화는 자녀의 정신건강에 긍정적, 부정적 영향을 줄 수 있는 요인으로 작용하므로, 이를 개선하기 위해 가족 간의 열린 대화와 정서적 지지, 그리고 적절한 기대 수준을 유지하는 노력이 필요하다. 가족 구성원이 서로를 이해하고 존중하는 환경이 조성될 때, 건강한 정신 발달과 안정된 가족 관계를 유지할 수 있다.

(2) 매체(스마트기기)

스마트기기 사용이 영유아의 정신건강에 미치는 영향에 대한 연구는 다음과 같은 결과를 보여준다.

- **과의존 및 중독 경향**: 스마트기기의 조기 사용과 과도한 의존은 영유아의 활동성, 감정적 예민성, 사회성 등에 부정적인 영향을 미칠 수 있다. 부모의 통제 방법, 지도 관찰 방법, 주 사용 콘텐츠 종류에 따라 이러한 영향이 달라질 수 있다(이애리, 박용완, 오주현, 2021).
- **발달 지연**: 스마트기기 및 영상물에 과도하게 노출된 영유아는 비만, 언어 및 인지 발달 지연, 정서 및 행동 발달 문제, 사회성 및 애착 형성에 부정적인 영향을 받을 수 있다(장형윤, 이지원, 신윤미, 박은진, 유희정, 2016).
- **정서지능 저하**: 스마트기기 사용이 영유아의 정서지능에 부정적인 영향을 미칠 수 있으며, 이는 어머니의 인식과도 관련이 있다(박경숙, 2013).
- **자기 조절 능력 감소**: 스마트기기 중독 경향성이 높은 영유아는 자기조절 능력이 저하될 수 있으며, 이는 어머니의 양육 행동과도 연관이 있다(김민희, 2015).
- **어머니-영유아 상호작용 감소**: 스마트기기 사용이 증가할수록 어머니와 영유아 간의 상호작용이 감소하고, 이는 영유아의 전반적인 발달에 부정적인 영향을 줄 수 있다(김연수, 2016).

이러한 연구들은 영유아의 스마트기기 사용이 정신건강과 발달에 다양한 부정적 영향을 미칠 수 있음을 시사한다. 따라서 부모의 적절한 통제와 지도, 그리고 스마트기기 사용에 대한 신중한 접근이 필요하다.

4. 영유아기 정신건강의 다양한 문제

1) 영아기에 나타날 수 있는 문제

- **발달 지연**: 영아가 연령에 맞는 발달 과업을 성취하지 못하는 경우이다. 이는 언어, 운동, 사회성 등 다양한 영역에서 나타날 수 있으며, 조기 평가와 개입이 중요하다.
- **자폐 스펙트럼 장애**(ASD): 사회적 상호작용과 의사소통에 어려움을 보이며, 제한적이고 반복적인 행동을 나타낼 수 있다. 조기 발견과 치료가 이후 발달에 긍정적인 영향을 미친다.
- **반응성 애착장애**: 주 양육자와의 애착 형성에 문제가 생겨 사회적 관계 형성에 어려움을 겪는 경우이다. 이는 이후 인간관계에 부정적인 영향을 미칠 수 있으므로, 조기 평가와 개입이 필요하다.
- **주의력결핍 과잉행동장애**(ADHD): 주의 산만, 과잉행동, 충동성을 특징으로 하며, 유아기에도 이러한 증상이 나타날 수 있다. 조기 진단과 적절한 개입이 중요하다.
- **비디오 증후군**: 영아가 과도하게 영상물에 노출될 경우, 발달에 부정적인 영향을 받을 수 있다. 이는 언어 발달 지연, 사회성 부족 등으로 나타날 수 있으므로, 부모의 주의가 필요하다.

2) 유아기에 나타날 수 있는 문제

- **주의력결핍 과잉행동장애**(ADHD): 주의 산만, 과잉행동, 충동성을 특징으로 하며, 유아기에도 이러한 증상이 나타날 수 있다. 조기 진단과 적절

한 개입이 중요하다.

- **반응성 애착장애**: 주 양육자와의 애착 형성에 문제가 생겨 사회적 관계 형성에 어려움을 겪는다. 이는 이후 인간관계에 부정적인 영향을 미칠 수 있으므로, 조기 평가와 개입이 필요하다.
- **수면장애**: 유아가 일정한 패턴의 수면시간을 유지하지 못하고, 불안정한 모습을 보일 수 있다. 이는 보호자로부터 떨어지는 것에 대한 불안감, 악몽 등으로 인해 쉽게 잠들지 못하거나, 자주 깨는 등의 형태로 나타날 수 있다.
- **반항적, 부정적 행동**: 자신의 욕구를 과도하게 표현하고, 욕구가 충족되지 않을 경우 심한 반항행동이나 부적절한 의사표현을 반복한다. 이는 주변 사람들의 부정적인 반응으로 인해 악순환이 발생할 수 있으므로, 이에 대한 요인을 분석하고 아이가 욕구 미충족에 건강하게 대처할 수 있도록 도와야 한다.
- **유뇨증, 유분증**: 배변훈련 시기가 지났음에도 불구하고 지속적으로 대변 또는 소변을 실수한다. 이는 아이가 자신의 조절 실패로 인한 좌절감을 반복해서 경험하게 되므로, 원인을 파악하고 조절할 수 있도록 도와주는 것이 필요하다.

3) 영유아기의 일반적인 정신건강 문제

(1) 정신건강과 감정

영유아기의 정신건강 문제는 주로 나타나는 다양한 감정 문제(불안, 질투, 화 등)로 부모와 교사들이 가정과 교육기관에서 가장 힘들어하는 문제이다.

① 영유아의 정신건강과 불안

영유아기는 급격한 신체적, 정서적, 지적 발달이 이루어지는 시기로, 이 과정에서 불안은 중요한 정신건강의 요소로 작용한다. 불안은 영유아가 성장하며 외부 세계를 인식하고 상상력을 발달시키는 과정에서 자연스럽게 나타나며, 생존과 적응을 돕는 긍정적인 역할을 할 수 있다. 그러나 이 불안이 과도하거나 정상적인 생활에 영향을 미칠 경우, 이는 병적인 상태로 간주될 수 있다. 영유아기의 불안은 정신건강과 밀접하게 연결되어 있으며, 이는 영유아의 발달 과정에서 자연스러운 부분이다. 그러나 병적 불안으로 발전할 가능성을 인지하고, 이를 예방하거나 적절히 관리하는 것이 영유아의 건강한 성장에 필수적이다.

■ 영유아기 불안의 특징

- **정상적 불안의 역할**
  - 불안은 영유아가 새로운 환경에 적응하고, 외부 위협으로부터 자신을 보호하도록 돕는 생존 메커니즘이다.
  - 분리불안이나 격리불안은 성장 과정에서 부모와 안정적인 애착을 형성하는 데 중요한 역할을 한다.
- **병적 불안**
  - 불안이 지속적이고 강도가 높아 일상생활에 부정적인 영향을 미치는 경우, 이는 병적 상태로 분류된다.
  - 이러한 병적 불안은 영유아의 신체적 반응(수면 문제, 신체 긴장)이나 정서적 표현(울음, 불안감 지속)으로 나타날 수 있다.
- **불안과 정신건강의 연결**
  - 영유아의 불안은 상상력의 발달과 외부 환경에 대한 인식 확대에 따라 증가한다.
  - 이는 영유아가 자신의 신체적 한계와 외부 위협을 이해하게 되면서 발생하며, 적절히 관리되지 않을 경우, 정서적 불안정이나 사회적 관

계의 어려움으로 이어질 수 있다.

- 예를 들어, 반응성 애착장애나 과도한 분리불안은 유아기 정신건강 문제의 대표적인 사례다.

■ 관리와 개입

- **정상적 불안 관리**

부모와의 안정적인 애착 관계 형성, 영유아가 새로운 환경을 탐색할 기회를 제공하며 심리적 안정감을 키워 주는 것이 중요하다.

- **병적 불안 개입**

불안이 지나친 경우, 조기 발견과 함께 전문적인 상담 및 치료가 필요하다. 영유아의 불안을 줄이고 건강한 발달을 돕기 위해 부모의 양육 태도, 가정 환경 안정성도 중요한 요인으로 작용한다.

"The Bear and the Piano"
(비 오는 날의 곰 인형)은

데이비드 리치필드(David Litchfield)가 쓴 동화로, 불안과 관련해 아이들에게 강력히 추천할 만한 작품이다. 이 책은 아이들이 소속감, 변화에 대한 두려움, 그리고 정체성 찾기와 같은 주제를 이해하도록 돕는다. 이 동화는 불안을 경험하는 영유아에게 특히 유익한 메시지를 제공한다.

출처: David Litchfield(2016). The Bear the Piano, and Little Bear's Concert. FrancesLincoln.

② 영유아의 정신건강과 질투

질투는 영유아가 사랑받고 싶은 대상의 애정이 타인에게로 옮겨졌거나 옮겨질 것이라는 상상과 위협에서 비롯되는 정서적 반응으로, 정신건강에 중요한 영향을 준다. 이 시기의 질투는 발달 과정에서 자연스럽게 나타나지만, 과도하거나 지속되면 정서적 어려움을 초래할 수 있다. 영유아기의 질투는 정상적인 발달 과정에서 나타나며, 아이가 새로운 환경과 관계에 적응하는 데 중요한 역할을 한다. 그러나 질투가 과도하거나 방치되면 정신건강에 부정적 영향을 미칠 수 있으므로 적절한 관리와 지도가 필요하다. 이를 통해 영유아가 정서적으로 안정되고 건강한 사회적 관계를 형성할 수 있도록 돕는 것이 중요하다.

■ 질투의 원인과 환경적 요인

- **가정에서의 질투**

  동생이 태어나 부모의 관심이 자신보다 동생에게 쏠린다고 느낄 때 발생

  부모의 애정과 관심 부족으로 불안을 경험

- **교육기관에서의 질투**

  교사가 자신을 특별히 대하지 않고 다른 아이들과 동등하게 대하는 상황에서 질투심 유발

■ 질투의 행동적 표현

- **공격적 행동**

  상대를 때리거나 짓궂게 행동하는 신체적 반응

- **퇴행적 행동**

  손가락 빨기, 영아기의 언어를 흉내 내는 등의 퇴행적 모습

- **부정적 반응**

  부모나 교사의 요청에 무조건적으로 반항하거나 반응하지 않음

■ 정신건강과의 영향

- **정서적 불안정**

  질투가 심할 경우 좌절감과 낮은 자존감으로 이어질 수 있음

- **사회적 관계의 어려움**

  질투가 지속되면 또래 관계에서 갈등과 적대감이 증가, 사회성 발달에 부정적 영향을 미침

- **자존감 저하**

  부모나 교사의 관심이 부족하다고 느낄 때 자존감이 감소할 가능성이 높음

■ 질투 관리 및 대처 방안

- **균형 잡힌 관심 제공**

  부모와 교사가 공평한 애정과 관심을 통해 아이가 자신이 소중하다고 느끼도록 지원

- **감정 표현 지도**

  영유아가 질투심을 건강하게 표현하고 조절하도록 돕는 감정 관리 교육

- **긍정적 강화**

  영유아의 성취와 행동을 적절히 칭찬하며 자신감을 북돋움

"피터의 의자"(Peter's Chair)는

에즈러 잭 키츠(Ezra Jack Keats)가 쓴 유명한 동화책으로, 질투와 관련된 주제를 다룬 훌륭한 작품이다. 이 책은 특히 동생이 생긴 후의 유아가 경험하는 질투와 감정 변화를 이해하고 다루는 데 유용하다.

출처: 에즈러 잭 키츠 그림 · 글(2000). 피터의 의자. 시공주니어.

③ 영유아의 정신건강과 화

영유아는 감정을 표현하는 방법이 제한적이기 때문에 화를 통한 정서 표현이 흔히 나타난다. 화는 성장 과정에서 자연스럽게 경험하는 감정 중 하나로, 자기중심적인 사고와 의사소통 능력의 한계에서 기인한다. 하지만 이러한 화가 지나치게 지속되거나 적절히 관리되지 않으면, 정신건강과 발달에 부정적인 영향을 미칠 수 있다. 따라서 부모와 교사의 관심과 적절한 대처가 필요하다. 이를 통해 영유아가 자신의 감정을 건강하게 표현하고 관리할 수 있도록 돕는 것이 중요하다.

■ 영유아가 화를 경험하는 이유

- **좌절감**

  자신의 욕구가 즉각적으로 충족되지 않을 때

  예: 장난감을 빼앗겼을 때, 부모의 지시를 이해하지 못할 때
- **자율성 발달 시기**

  영유아는 스스로 선택하고 싶어 하는 욕구가 강하지만, 환경의 제약에 부딪히며 좌절감을 느낌
- **의사소통 능력 부족**

  자신이 원하는 것을 명확히 표현하지 못하거나, 타인의 말을 이해하지 못해 오해가 발생
- **환경 변화**

  부모의 관심 부족, 형제자매와의 갈등, 일상적 변화(이사, 새로운 유아교육 기관) 등

■ 화의 행동적 표현

- **공격적 행동**

  다른 사람을 때리거나 물건을 던지는 행동

- **수동적 반항**

  부모나 교사의 요청을 무시하거나 거부하는 행동
- **퇴행적 행동**

  손가락 빨기, 과거의 의사소통 방식으로 돌아가기
- **자기 표현 제한**

  화를 내며 소리 지르거나 울면서 자신의 불만을 표출

■ 정신건강과 화의 연결

- **정서적 발달 지연**

  화를 건강하게 다루지 못하면 좌절감을 반복적으로 경험하며 정서적 불안정이 나타날 수 있음
- **사회적 관계의 어려움**

  또래나 가족 간 갈등이 심화되어 사회적 기술 습득이 저해될 가능성이 있음
- **행동 문제로의 발전**

  지속적인 분노 표현이 자주 반복될 경우 행동 장애나 주의력 문제로 이어질 수 있음
- **자아존중감 감소**

  반복적인 질책과 부정적 피드백으로 인해 영유아가 자신을 부정적으로 인식할 가능성이 있음

■ 화의 관리와 대처 방안

- **감정 표현 지도**

  영유아가 자신의 감정을 말로 표현하도록 도와주며, "지금 화가 나는구나"와 같이 감정을 인정해 줌
- **적극적 경청**

  화를 내는 이유를 파악하기 위해 영유아의 말을 경청하며 문제 해결을 지원

- **대체 행동 가르치기**

  공격적 행동 대신 안전한 방법으로 화를 표현하도록 유도

  예: 쿠션을 치거나 그림으로 표현하기

- **일관된 규칙 설정**

  행동의 한계를 분명히 하고, 수용 가능한 행동과 그렇지 않은 행동을 알려줌

- **긍정적 강화를 통한 학습**

  영유아가 화를 적절히 조절했을 때 칭찬과 보상을 통해 바람직한 행동을 강화

■ 화가 정신건강에 미치는 긍정적 역할

- **자율성 발달의 기회**

  화는 영유아가 자신의 욕구와 경계를 표현하는 과정으로, 이를 건강하게 관리하면 자율성 발달에 기여

- **문제 해결 능력 향상**

  적절한 지도하에 화를 다루며 감정 조절과 문제 해결 능력을 배움

"소피가 화나면 정말 정말 화나면"
(When Sophie Gets Angry—Really, Really Angry)은

몰리 뱅(Molly Bang)이 쓴 그림책으로, 아이들이 화라는 감정을 이해하고 이를 건강하게 다루는 방법을 배울 수 있도록 도와주는 탁월한 책이다. 이 책은 특히 화로 인해 어려움을 겪는 영유아에게 추천할 만한 동화이다.

출처: 몰리 뱅 글 · 그림(2013). 소피가 화나면, 정말 정말 화나면. 책읽는곰.

(2) 정신건강과 식품

① 합성첨가물

합성첨가물은 정신건강에 영향을 미칠 수 있는 중요한 환경적 요인이다. 특히 영유아는 민감한 집단이므로, 첨가물의 영향을 최소화하려면 부모와 사회의 적극적인 관심이 필요하다. 가공식품 대신 자연식품을 선택하고, 관련 연구 결과를 바탕으로 규제를 강화함으로써 첨가물로 인한 정신건강 문제를 예방할 수 있다.

- 합성첨가물이란 식품의 맛, 색, 유통기한 등을 개선하기 위해 인공적으로 첨가되는 물질을 말한다.
- **대표적인 첨가물**: 인공색소, 방부제, 감미료, 산화방지제 등
- 합성첨가물이 뇌와 신경계에 영향을 미쳐 정신건강 문제(불안, ADHD, 우울증 등)를 유발하거나 악화시킬 가능성이 제기되고 있다.

■ 합성첨가물의 종류와 정신건강과의 관계

- **인공색소**
  - 대표적 사례: 타르트라진(노란색), 레드 40(빨간색) 등
  - 정신건강 영향: 일부 연구에서 인공색소가 아동의 주의력결핍 과잉행동장애(ADHD) 증상을 악화시킬 가능성이 보고됨
  - 관련 연구: 유럽연합(EU)에서는 일부 인공색소에 대해 경고 문구 부착을 의무화
- **방부제**
  - 대표적 사례: 소르빈산, 벤조산나트륨 등
  - 정신건강 영향: 방부제는 장내 미생물 균형을 파괴하여 장-뇌 축(gut-brain axis)을 통해 기분 변화나 불안을 유발할 수 있음

- **감미료(아스파탐, 사카린 등)**
  - 정신건강 영향: 아스파탐의 일부 성분이 신경독성을 유발하거나 세로토닌 합성을 방해하여 우울증 및 기분 변화를 유발할 가능성이 있음
  - 관련 연구: 일부 실험에서 감미료 섭취가 불안과 스트레스 반응을 증가시킨 사례 보고
- **산화방지제(BHA, BHT 등)**
  - 정신건강 영향: BHA와 BHT는 호르몬 교란을 유발하고, 이로 인해 신경계에도 영향을 미칠 가능성이 있음
  - 관련 연구: 동물 실험에서 산화방지제의 장기 섭취가 뇌 발달 및 신경 독성에 영향을 미칠 수 있음

■ 정신건강 문제와 연결된 주요 증상

- **아동의 ADHD 및 과잉행동**
  - 인공색소와 방부제 섭취와 ADHD 증상 간의 연관성이 관찰됨
- **기분 변화 및 불안**
  - 감미료 및 인공첨가물이 신경전달물질(세로토닌, 도파민 등)의 균형을 방해해 우울감 및 불안을 유발할 가능성이 있음
  - 장내 미생물 불균형이 신경계에 미치는 영향(장-뇌 축 연관성)
- **인지 기능 저하**
  - 장기적인 첨가물 섭취가 뇌 발달 및 인지 능력에 부정적 영향을 미칠 가능성이 있음

■ 관련 연구 및 사례

- **ADHD와 인공색소 연구**
  - 영국 사우스햄프턴 대학 연구: 인공색소와 방부제가 ADHD 증상과 관련이 있음을 시사
  - 유럽연합은 일부 첨가물 사용에 경고 문구를 의무화
- **장-뇌 축 연구**
  - 장내 미생물과 정신건강의 상관관계를 규명한 연구들은 방부제가 장내 균형을 깨트려 정신건강 문제를 악화시킬 가능성을 제기
- **감미료 연구**
  - 아스파탐의 일부 성분(페닐알라닌)이 기분 장애 및 우울증을 유발할 가능성이 있음

■ 대응 방안

- **첨가물 섭취 줄이기**
  - 가공식품 섭취를 최소화하고 자연식품 위주의 식단을 유지
  - 제품 구매 시 첨가물 성분표 확인 및 선택적 소비
- **심리적 건강 관리**
  - 첨가물 섭취를 줄이는 동시에, 정신건강을 위한 신체 활동과 균형 잡힌 식습관 유지
- **정책적 규제 강화**
  - 특정 첨가물에 대한 경고 문구 표시 의무화(예: 유럽연합 사례)
  - 장기적인 안전성 연구 확대 및 규제 기준 강화

식원성 증후군은 가공식품과 인스턴트 식품의 과도한 섭취로 인해 발생하는 신체적, 정신적 건강 문제를 지칭하는 용어이다. 이 개념은 일본의 청소년 문제 전문가이자 심리영양학의 대가인 오사와 히로시 교수가 제시하였으며, 그의 저서 『식원성 증후군』에서 상세히 다루어지고 있다.

- **정신건강에 대한 영향**: 가공식품이 신체 건강뿐만 아니라 정신건강에도 직접적인 영향을 미친다는 점을 강조한다. 특히, 패스트푸드나 인스턴트 식품의 과도한 섭취가 청소년들의 성격 형성에 부정적인 영향을 주어 조급함, 인내심 부족, 자제력 결여 등의 문제를 야기할 수 있다고 지적한다.
- **청소년 비행과의 연관성**: 1970년대 중반 이후 일본 중 · 고등학생들의 학교폭력 증가 원인을 식생활에서 찾았으며, 비행 청소년 대부분이 가공식품과 인스턴트 음식을 많이 섭취하여 영양 불균형 상태에 있었다는 점을 밝혀냈다.
- **심리영양학의 중요성**: 오사와 교수는 이러한 연구를 바탕으로 심리영양학이라는 새로운 학문 분야를 개척하였으며, 이는 식생활이 정신건강에 미치는 영향을 연구하는 분야이다.

국내 상황

이러한 문제는 일본뿐만 아니라 한국 등 다른 나라에서도 유사하게 나타나고 있다. 현대인의 식단에서 가공식품이 차지하는 비중이 높아지면서, 어린이와 청소년들의 정서적 문제와 행동 이상이 증가하고 있다. 따라서, 올바른 식습관 형성과 가공식품 섭취의 조절이 중요하다는 지적이 제기되고 있다.

〈참고 문헌〉

오사와 히로시 저, 『식원성 증후군』, 국일미디어, 2009.
안병수 저, 『과자, 내 아이를 해치는 달콤한 유혹』, 국일미디어, 2005.

② 트랜스지방

트랜스지방은 가공식품에 주로 포함된 인공 지방으로, 영유아의 건강에 다양한 부정적 영향을 미칠 수 있다. 영유아는 성장과 발달이 활발한 시기이므로, 트랜스지방의 섭취를 최소화하는 것이 중요하다. 이를 위해 가공식품의 섭취를 줄이고, 신선한 자연식품을 중심으로 한 균형 잡힌 식단을 제공하는 것이 바람직하다.

- **심혈관 건강**: 트랜스지방은 혈중 LDL 콜레스테롤 수치를 높이고 HDL 콜레스테롤 수치를 낮춰, 동맥경화와 같은 심혈관 질환의 위험을 증가시킨다.
- **인지 발달**: 트랜스지방은 세포막의 기능을 저해하여 뇌 발달에 부정적 영향을 줄 수 있다. 특히 영유아기에는 뇌가 급속히 발달하므로, 이러한 영향이 더욱 심각할 수 있다.
- **면역력 저하**: 트랜스지방의 과도한 섭취는 면역 체계를 약화시켜 감염에 대한 취약성을 높일 수 있다.
- **비만 및 대사 질환**: 트랜스지방은 체내에서 에너지원으로 잘 사용되지 않아 지방으로 축적되기 쉽다. 이는 영유아의 비만을 유발하고, 장기적으로 당뇨병 등의 대사 질환 위험을 높일 수 있다.
- **정신건강**: 일부 연구에서는 트랜스지방의 섭취가 주의력결핍 과잉행동장애(ADHD), 우울증 등과 관련이 있을 수 있음을 시사한다.

5. 영유아교육기관에서의 정신건강 교육 전략

영유아기는 정신건강의 기초가 형성되는 중요한 시기다. 이 시기의 정신건강 교육은 영유아의 감정을 이해하고 표현하며 조절할 수 있는 능력을 길러 건강한 정서 발달과 사회적 관계 형성을 돕는 것을 목표로 한다. 다음은 영유아교육기관에서 적용할 수 있는 주요 정신건강 교육 전략이다.

(1) 안정적이고 예측 가능한 환경 제공

- **목표**: 영유아가 신체적 · 정서적으로 안전하다고 느낄 수 있는 환경 조성
- **방법**
  - 규칙적이고 일관성 있는 일과 제공
  - 정돈된 공간과 따뜻한 색감의 교실 환경 유지
  - 차분한 조명과 소음 관리로 심리적 안정감 지원
- **예시**

  조용한 휴식 공간 마련

  영유아 스스로 탐색할 수 있도록 낮은 선반과 가구 배치

(2) 감정코칭을 통한 정서 발달 지원

- **목표**: 감정 인식과 조절 능력을 길러 정서적 안정감과 문제 해결 능력 강화
- **방법**
  - 영유아가 느끼는 감정을 공감하며, 감정의 이름을 붙여줌
  - 부정적인 감정도 정상적임을 알려주고, 건강하게 표현하는 방법 지도

• **예시**

"지금 화가 났구나. 왜 그런지 이야기해 줄래?"

감정을 그림, 말, 몸짓 등 다양한 방식으로 표현하게 유도

(3) 사회적 관계 기술 지도

• **목표**: 또래와의 긍정적인 상호작용을 통해 협력과 공감 능력 함양

• **방법**

- 또래 간 놀이를 통해 타인의 감정을 이해하고 배려하는 경험 제공
- 갈등 상황에서 문제 해결 과정을 함께 탐색하며 지도

• **예시**

역할놀이를 통해 협력과 의사소통 연습

"친구가 장난감을 빼앗겼을 때, 어떻게 하면 좋을까?" 질문하며 토론

(4) 심리적 안정감을 높이는 활동 제공

• **목표**: 스트레스 해소와 자기조절 능력 강화

• **방법**

- 심호흡, 명상, 요가 등 차분한 활동을 일상에 포함
- 신체 활동을 통해 스트레스를 해소하고 정서적 안정 제공

• **예시**

매일 아침 5분간 심호흡 놀이

스트레스가 많은 날에는 잔잔한 음악과 함께 명상 활동 진행

(5) 부모와의 협력 강화

• **목표**: 가정과 교육기관의 일관된 접근을 통해 영유아의 정신건강을 종합적으로 지원

• **방법**

- 정기적인 상담과 소통을 통해 영유아의 행동과 정서를 공유
- 가정에서의 정신건강 실천 방법 안내

• **예시**

"오늘 ○○가 친구와 놀이하며 감정을 잘 표현했어요. 가정에서도 칭찬해 주세요."

부모 교육을 통해 가정에서도 감정코칭을 실천할 수 있도록 지원

(6) 놀이 중심의 스트레스 해소

• **목표**: 놀이를 통해 스트레스를 해소하고 즐거움과 만족감을 경험

• **방법**

- 영유아가 스스로 선택하고 주도적으로 참여할 수 있는 놀이 제공
- 감정 표현과 연결된 창의적 놀이 활동 유도

• **예시**

모래놀이, 물놀이 등을 통해 감정을 자연스럽게 해소

그림 그리기나 찰흙 놀이로 감정을 시각적으로 표현

(7) 교사의 민감성과 정서적 지지

• **목표**: 교사가 영유아에게 정서적 안정감을 제공하며, 모델 역할을 수행

• **방법**

- 영유아의 감정을 관찰하고 민감하게 반응
- 스트레스 상황에서 차분히 대응하며 문제 해결을 지원

• **예시**

"네가 지금 슬퍼 보이네. 선생님이 도와줄게."

"잠깐 쉬면서 다시 이야기해 보자."

(8) 결론

영유아교육기관에서의 정신건강 교육은 안정된 환경 제공, 감정코칭, 사회적 기술 지도, 스트레스 해소 활동, 부모 협력 등 다양한 전략을 통해 이루어질 수 있다. 이러한 교육은 영유아가 정서적 안정감을 느끼고, 건강한 사회적 관계를 형성하며, 정신적으로 건강하게 성장할 수 있는 기반을 마련해 준다.

감정코칭 살펴보기

감정코칭은 영유아교육기관에서 정신건강교육의 핵심 전략으로, 아이들이 자신의 감정을 인식하고 표현하며 건강하게 조절할 수 있도록 돕는 효과적인 방법이다. 이를 통해 건강한 정서 발달을 지원하고, 정신건강 문제를 예방하며, 아이들이 더 행복하고 안정적인 환경에서 성장할 수 있도록 돕는다.

1. 감정코칭이란?

감정코칭은 아이가 느끼는 다양한 감정을 인정하고, 그 감정을 적절히 표현하며 조절하도록 돕는 과정이다. 부모와 교사 등 성인의 지지를 통해 아이들이 자신의 감정을 스스로 이해하고 다루는 능력을 기르는 데 초점이 맞춰져 있다.

[목표]

- 아이들이 감정을 스스로 인식하고 표현할 수 있도록 지원
- 감정의 긍정적 · 부정적 측면을 모두 받아들이는 능력을 발달시킴
- 정서적 안정과 사회적 관계 형성을 돕는 정신건강 기반 마련

2. 영유아교육기관에서의 감정코칭의 중요성

- **정신건강 문제 예방**
  아이들이 감정을 억누르거나 왜곡하지 않고 건강하게 표현하도록 함으로써 불안, 분노, 우울과 같은 정서적 문제를 예방할 수 있다.

• **사회적 기술 향상**

자신의 감정뿐 아니라 타인의 감정을 이해하고 공감하는 능력을 기르게 되어 또래와의 긍정적인 관계 형성에 기여한다.

• **스트레스 관리 능력 발달**

어려운 상황에서도 감정을 조절하고 스트레스에 대처할 수 있는 능력을 키울 수 있다.

3. 감정코칭의 단계

영유아교육기관에서 사용할 수 있는 감정코칭의 단계는 다음과 같다.

• **감정 인식**

아이가 느끼는 감정을 먼저 관찰하고 이해한다.

예: 아이가 장난감을 뺏겨 울고 있다면, 그 감정이 슬픔인지 분노인지 확인

• **공감 표현**

아이가 느끼는 감정을 인정하고, 그 감정에 공감해 준다.

예: "네가 슬프고 화가 나는구나. 네가 좋아하는 장난감을 뺏겨서 정말 속상했겠구나."

• **감정에 이름 붙이기**

아이가 자신의 감정을 명확히 표현할 수 있도록 도와준다.

예: "지금 느끼는 건 화라고 해. 화가 나면 가슴이 답답하거나 얼굴이 뜨거워질 수 있어."

• **문제 해결 방법 제시**

아이가 감정을 적절히 해소하거나 문제를 해결할 수 있는 방법을 제안한다.

예: "화가 날 땐 손으로 물건을 던지는 대신, 선생님에게 와서 말해 줄래?"

• **감정 조절 기술 가르치기**

감정을 다룰 수 있는 구체적인 행동을 가르친다.

예: "화가 날 때는 깊게 숨을 쉬고 열까지 세어 보자. 그러면 기분이 조금 나아질 거야."

4. 감정코칭을 활용한 활동 아이디어

- **감정 카드 놀이**
  다양한 표정의 그림 카드를 사용해 감정을 설명하고, 그 감정을 경험했을 때 상황을 이야기하게 함
- **감정 그림 그리기**
  화, 슬픔, 기쁨 등 특정 감정을 느꼈을 때를 떠올리며 그림으로 표현하게 함
- **감정 연극**
  아이들이 특정 상황에서 느낄 수 있는 감정을 연극으로 표현하며, 감정 조절 방법을 연습하도록 유도
- **감정 저널 작성**
  선생님과 함께 오늘의 기분을 간단한 그림이나 단어로 표현하며 감정을 기록
- **심호흡 놀이**
  깊게 숨을 쉬는 연습을 통해 감정을 다스리는 방법을 놀이 형식으로 가르침

5. 감정코칭의 효과

- **정신건강 증진**
  아이들이 감정을 억누르지 않고, 건강하게 표현하며 조절할 수 있는 능력을 키워 준다.
- **정서적 안정**
  교사의 공감과 지지를 통해 아이들이 안정감을 느끼고, 심리적 불안을 완화할 수 있다.
- **사회적 관계 개선**
  아이가 또래 및 성인과의 관계에서 공감 능력을 바탕으로 갈등을 줄이고 더 나은 관계를 형성한다.

생각해보기

■ 합성첨가물 보고서를 작성해 보세요.

- 자주 먹는 간식을 선택하세요.
- 평소 즐겨 먹는 간식 중 하나를 선택합니다. 예: 과자, 음료, 초콜릿, 사탕 등 선택한 간식의 성분표를 확인하세요.
- 제품의 포장지나 공식 웹사이트에서 성분표를 찾아보고, 포함된 합성첨가물(예: 색소, 보존료, 감미료 등)을 기록하세요.

■ 합성첨가물을 조사해 보세요.

- 기록된 첨가물 중 합성첨가물의 주요 역할과 용도를 조사하세요.
- 각 첨가물이 정신건강에 미칠 수 있는 영향을 찾아 기록하세요. (예: 특정 감미료가 주의력 결핍, 불안, 또는 수면에 미치는 영향 등) 조사한 내용을 정리하세요.

제품명 자이리톨 껌

식품유형 껌류

원재료명 자일리톨 60%, 베이스, D-소르비톨 10%, 아라비아검, 합성착향료, 제2인산칼슘, 유화제, 피막제, CPP(우유), 합성감미료(아세설팜칼륨, 수크랄로스), 용성비타민 P, 후노란, 덱스트라나아제

보관방법 직사광선 및 습기 피해 보관한다.

출처: 네이버 지식백과

❖ 나의 간식 살펴보기 ❖

자주 먹는 간식을 선택하세요.	
평소 즐겨 먹는 간식 중 하나를 선택합니다. 예: 과자, 음료, 초콜릿, 사탕 등 선택한 간식의 성분표를 확인하세요.	
합성첨가물을 조사하세요. 제품의 포장지나 공식 웹사이트에서 성분표를 찾아보고, 포함된 합성첨가물(예: 색소, 보존료, 감미료 등)을 기록하세요.	
성분표에 기록된 첨가물 중 합성첨가물의 주요 역할과 용도를 조사하세요.	
각 첨가물이 정신건강에 미칠 수 있는 영향을 찾아 기록하세요. (예: 특정 감미료가 주의력 결핍, 불안, 또는 수면에 미치는 영향 등) 조사한 내용을 정리하세요.	

Ⅲ

영유아 건강교육의 방법

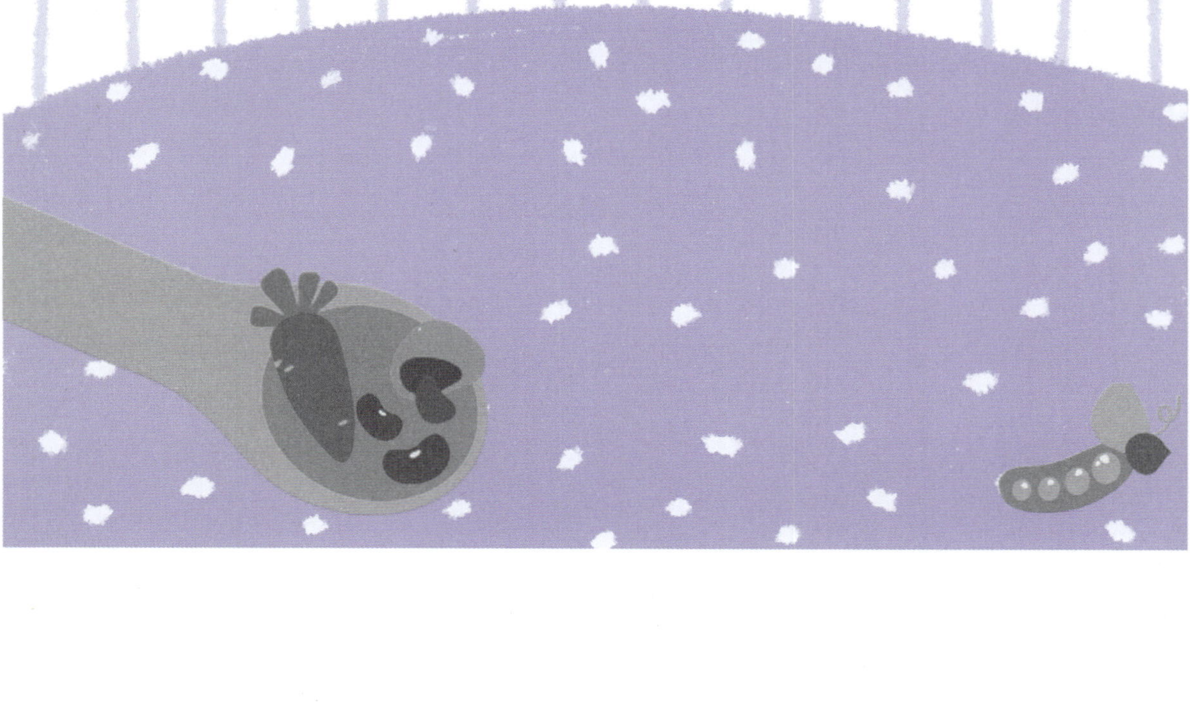

영유아 건강교육의 방법

제4차 어린이집 표준보육과정과 2019 개정 누리과정에서는 영유아 중심과 놀이 중심을 추구하며 교사를 영유아의 놀이 지원자로 제안하고 있다. 따라서 교사는 놀이의 특성, 의미, 가치를 이해하여 영유아가 즐겁게 놀이하면서 배우는 경험을 지원해야 한다. 또한 교사는 적절하게 환경을 구성하고, 영유아와 바람직한 상호작용을 하여 영유아가 놀이에 몰입하고 놀이를 확장하도록 돕는 역할을 해야 한다.

4장, 5장, 6장에서는 영유아 건강교육의 내용에 대해 살펴보았다. 그렇다면 이제는 그 내용을 어떻게 지도해야 할까? 즉, 영유아 건강교육을 어떻게 할 것인가?에 대해 생각해 보아야 할 것이다. 따라서 본 장에서는 영유아 건강교육의 방법을 놀이를 통한 영유아 건강교육과 활동을 통한 영유아 건강교육으로 나누어 살펴보고자 한다.

1. 놀이를 통한 영유아 건강교육
2. 활동을 통한 영유아 건강교육

들어가기

■ 영유아 건강교육과 관련된 그림책을 찾아보세요.

그림책 제목	내용

■ 영유아 건강교육과 관련된 노래를 찾아보세요.

노래 제목	가사

1. 놀이를 통한 영유아 건강교육

영유아는 놀이를 통해 배운다. 표준보육과정과 2019 개정 누리과정은 놀이를 통한 영유아의 배움을 강조하고 있다. 유치원과 어린이집에서 이루어지는 영유아의 놀이는 교사의 지원을 통해 더욱 의미 있는 배움이 될 수 있다. 따라서 교사는 다양한 방식으로 영유아가 놀이를 통해 배우고 성장할 수 있도록 돕고 지원하는 역할을 해야 한다.

영유아는 영유아교육기관에서 다양한 놀이를 한다. 자신의 흥미에 따라 쌓기놀이, 역할놀이, 미술놀이, 과학놀이, 수·조작놀이 등 다양한 놀이를 하면서 또래와 어울리고 상호작용하며 의미 있는 배움을 가진다. 특히 영유아들이 좋아하는 시장놀이, 음식점놀이 등을 통해 건강교육에 대한 지식, 기술, 태도를 얻게 된다.

놀이를 통한 건강교육은 2019 개정 누리과정 놀이운영사례집(교육부, 2020)의 놀이 사례를 통해 어떻게 이루어지고 있는지 살펴보고자 한다. 〈그림 7-1〉에 제시된 놀이는 4세반에서 10월 초~11월 초에 이루어진 놀이로 실제로 음식을 만들어 파는 음식 가게 놀이이다. 놀이가 시작된 상황을 살펴보면, 4세반 유아들은 자주 시장 놀이를 즐겁게 한다. 그러나 시장 견학을 통해 가게에서 파는 음식을 먹어 본 후, 유아들에게 시장은 '맛있는 음식을 많이 파는 곳'이 되었다.

마침 기관의 바자회가 다가오자, 유아들은 시장에서 먹어 본 '진짜 음식'을 만들어 팔자고 제안한다. 그러나 실제로 음식을 만들어 보려고 하니 국물과 소스는 어떻게 만드는지 그리고 음식 맛을 내는 방법들이 궁금해졌다. 그래서 다시 시장에 가서 음식 가게 주인에게 궁금한 점에 대해 물어보고 배우며 유아들의 시장놀이는 음식을 만들어 팔고 나누어 먹는 놀이가 되었다.

교실 상황	놀이 흐름
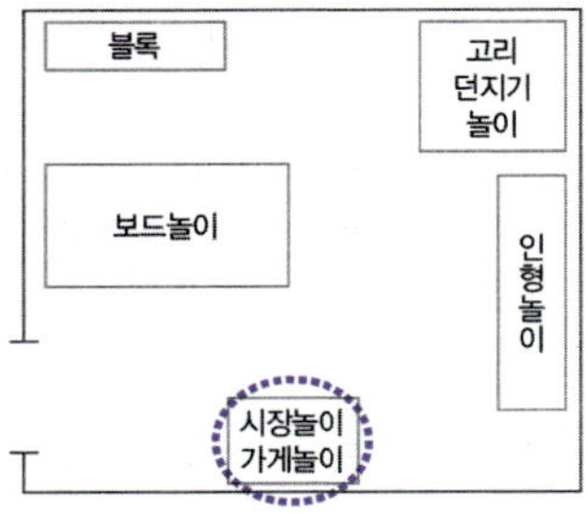 4세 나무반에서는 매일 보드게임, 인형 놀이, 고리 던지기 놀이, 블록 놀이, 시장 놀이가 자유롭게 이루어지고 있다. 10월, 동네 시장에 다녀온 이후로 더 많은 유아들이 음식 가게 놀이와 음식 만들기 놀이를 자주 하고 있으며 점점 공간을 넓혀 사용하고 있다. 유아들의 음식 만들기 놀이는 오전 놀이 시간과 점심 식사 후, 그리고 오후 놀이 시간에 주로 이루 어지고 있다.	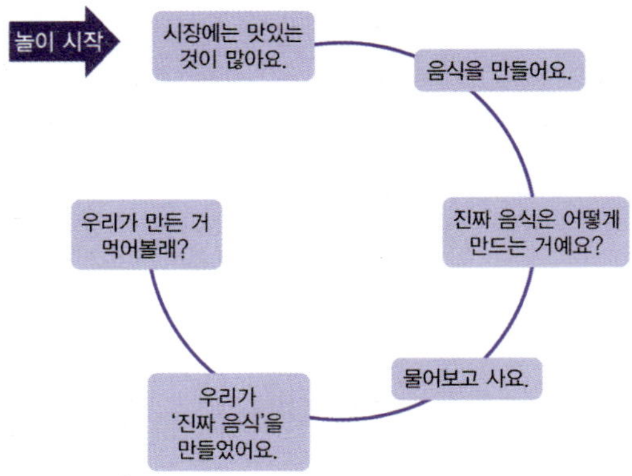

출처: 2019 개정 누리과정 놀이운영사례집(교육부, 2020).

[그림 7-1] '진짜 음식을 만들어요' 놀이

유아가 즐겁게 놀이하며 스스로 배울 수 있도록 교사는 다음과 같은 내용을 고려하여 지원하여야 한다(교육부, 2020).

- 유아가 흥미와 관심에 따라 놀이를 자유롭게 참여하고 즐기도록 한다.
- 유아가 놀이를 통해 배우도록 한다.
- 유아가 다양한 놀이와 활동을 경험할 수 있도록 실내외 환경을 구성한다.
- 유아와 유아, 유아와 교사, 유아와 환경 간에 능동적인 상호작용이 이루어지도록 한다.
- 5개 영역의 내용이 통합적으로 유아의 경험과 연계되도록 한다.
- 개별 유아의 요구에 따라 휴식과 일상생활이 원활히 이루어지도록 한다.
- 유아의 연령, 발달, 장애, 배경 등을 고려하여 개별 특성에 적합한 방식으로 배우도록 한다.

[그림 7-1]에서 살펴본 놀이 사례에서 유아들의 놀이 흐름에 따른 교사의 지원은 [그림 7-2]와 같다.

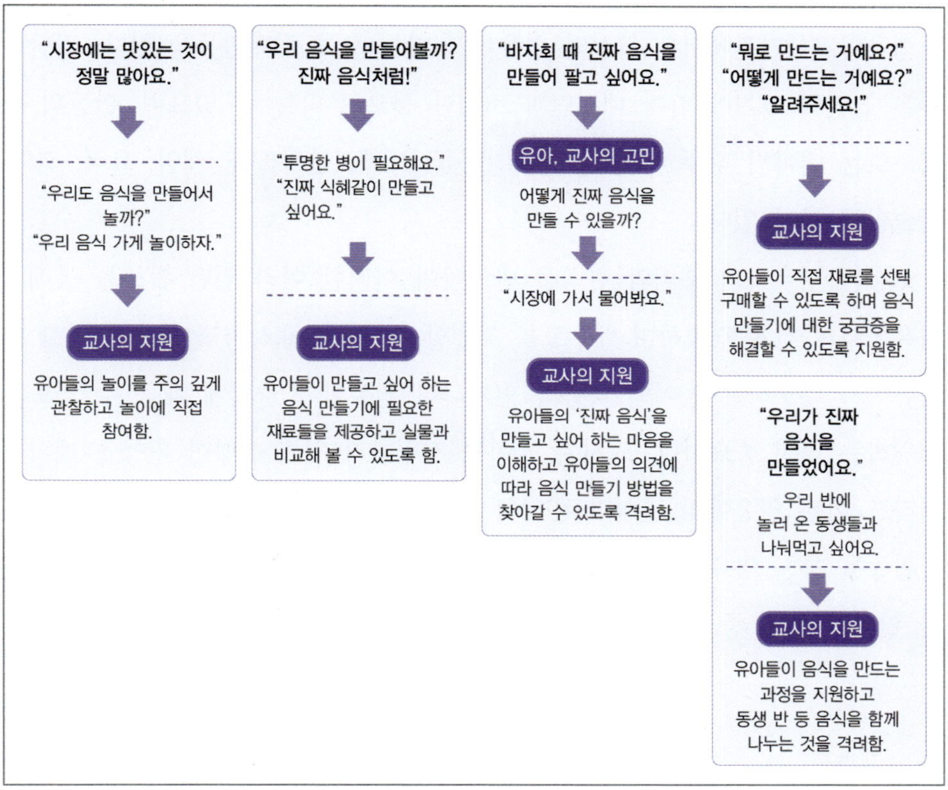

출처: 2019 개정 누리과정 놀이운영사례집(교육부, 2020).

[그림 7-2] 놀이의 흐름에 따른 교사의 지원

2. 활동을 통한 영유아 건강교육

영유아교육기관에서는 교사와 영유아가 함께 모여 집단활동을 한다. 집단활동은 집단의 크기에 따라 대집단과 소집단 등으로 나눌 수 있으며, 활동의 유형으로는 이야기 나누기, 동화, 동시, 동극, 노래, 신체표현, 게임, 요리, 과학, 미술활동 등이 있다.

교사는 영유아의 흥미와 관심을 반영하여 이러한 여러 집단 활동을 통해서 영유아가 즐겁게 경험하며 배우도록 지원할 수 있다. 교사가 활동을 운영할 때 영유아가 주도하는 놀이의 내용과 연계하여 영유아가 즐겁게 배울 수 있도록 지원하는 것이 중요하다. 교사가 놀이를 지원하기 위해 다양한 활동을 계획했더라도 이는 영유아의 관심과 흥미에 따라 수정할 수 있다.

활동을 통한 영유아 건강교육이 어떻게 이루어지는지에 대해서는 여러 다양한 활동의 유형 중 이야기 나누기, 동화, 노래를 중심으로 살펴보고자 한다.

1) 이야기 나누기를 통한 영유아 건강교육

이야기 나누기는 영유아와 교사가 함께 모여 한 가지 주제에 대해서 이야기를 나누는 활동이다. 따라서 이야기 나누기는 교사 주도의 이야기하기가 아니라 영유아와 교사가 상호작용하며 이야기를 나누어야 한다. 이야기 나누기 활동은 주제에 대해 영유아의 흥미를 끌어내 집중시킨 다음, 그 주제에 대해 충분히 이야기를 나누고 활동을 회상하여 정리하고 평가하는 과정으로 이루어진다. 특히 이야기 나누기는 정적인 활동이기 때문에 주제에 대한 영유아의 흥미를 끌어내어 이야기를 나누기 위해서는 다양하고 흥미로운 자료가 반드시 풍부하게 필요하다.

영유아 건강교육을 위한 이야기 나누기의 주제로는 미세먼지, 질병 예방, 손 씻기, 이닦기, 식습관 등 질병과 영양에 관한 내용으로 다양하다.

2) 노래를 통한 영유아 건강교육

영유아는 흥얼거리고 노래 부르기를 좋아한다. 노래는 이야기를 담은 노랫말과 리듬으로 구성되어 있다. 따라서 건강교육과 관련된 노랫말을 담고 있는 노래를 통해 영유아의 건강교육이 이루어질 수 있다.

예를 들어, '그러면 안 돼'라는 노래는 유아들이 좋아하는 아이스크림에 대한 노래이다. 아이스크림이 맛있어서 많이 먹었더니 배가 아파서 병원에 갔고 주사를 맞았다는 가사인데, 이러한 노랫말을 통해서 자신이 좋아하는 음식이라도 적당량을 먹지 않고 많이 먹을 경우 몸에 좋지 않다는 것을 알 수 있다. 노래를 반복적으로 부름으로써 노랫말인 건강에 관한 내용에 대해 이해도가 더 높아질 것이다. 이 밖에도 '멋쟁이 토마토', '싹싹 닦아라'와 같은 노래를 통해서 영유아의 건강교육 지도를 할 수 있다.

그러면 안 돼

김성균 작사
김성균 작곡

멋쟁이 토마토

김영광 작사
김영광 작곡

싹싹 닦아라

미 상 작곡
이원수 작사

3) 동화를 통한 영유아 건강교육

동화는 영유아를 지도하는 데 있어 매우 중요한 매체로 많이 활용되고 있다. 동화를 이용한 활동은 영유아의 발달과 주제에 적합한 동화를 선정한 후, 집단의 크기에 따라 매체로 제작하거나 그림책을 가지고 활동으로 진행할 수 있다.

영유아 건강교육을 하기 위해서는 우선 연령과 발달 수준에 적합하며 건강교육에 적합한 주제와 내용을 담고 있는 동화를 잘 선정해야 한다. 그리고 영유아에게 동화를 들려준 후, 동화의 내용을 회상하여 건강교육과 관련된 내용에 대해 이야기를 나눈다.

영유아 건강교육을 하기 위해 활용할 수 있는 그림책 예시는 아래와 같다.

〈영유아 건강 관련 그림책〉

치과의사 드소토 선생님

글/그림: 윌리엄 스타이그　옮긴이: 조은수　출판사: 비룡소　출판연도: 1995

생쥐이자 치과 의사인 드소토 선생님에게 어느 날, 여우가 울며 찾아와 이가 아프니 고쳐 달라고 한다. 드소토 선생님 부부는 잠깐 망설이다가 여우의 이를 고쳐 주는데, 여우는 이를 다 고치고 나면 선생님 부부를 잡아먹어야겠다고 마음먹는다. 이것을 알아차린 드소토 선생님 부부는 꾀를 내어 여우의 턱을 꽉 붙여 버린다.

감기벌레는 집 짓기를 좋아해

글/그림: 미우　출판사: 노란돼지　출판연도: 2014

집 짓기를 좋아하는 감기벌레는 기회를 노린다. 그러나 손 씻고, 양치하고, 골고루 밥 먹고 잠까지 푹 자는 민호에게 좋은 벌레들이 많아졌기 때문에 감기벌레는 도망 다니기 바쁘다.

난 토마토 절대 안 먹어

글/그림: 로렌 차일드 옮긴이: 조은수 출판사: 국민서관 출판연도: 2001

롤라는 콩, 당근, 감자, 버섯, 스파게티, 달걀, 소시지는 싫다고 하고, 토마토는 절대로 안 먹는다고 한다. 그래서 오빠 찰리는 그런 롤라를 위해 좋은 꾀를 낸다. 당근은 '오렌지뽕가지뽕', 으깬 감자는 '구름보푸라기', 콩요리는 '초록방울'이고 생선튀김은 바다 인어들이 먹는 '바다얌냠이'라고 한다.

왜 음식을 골고루 먹어야 할까요?

글: 클레어 레웰린 그림: 마이크 고든 옮긴이: 최인자 출판사: 서교출판사 출판연도: 2019

음식물마다 우리의 몸을 튼튼하게 만드는 영양소가 있다. 그래서 여러 가지 음식들을 골고루 먹으면 우리의 몸에 필요한 영양소들을 얻을 수 있다. 하지만 한 가지 음식만 골라 먹으면 병에 걸릴 수 있다. 그래서 음식을 골고루 먹어야 하고 운동도 해야 한다.

밥 한그릇 뚝딱!

글/그림: 이소을 출판사: 상상박스 출판연도: 2009

맛있는 냄새에 끌려, 지니와 비니가 날아오르더니 식탁 앞에 내려졌다. 그러자 식탁 위의 밥과 반찬들이 날 먹어줘라고 한다. 지니와 비니는 재미있는 밥과 반찬 친구들 덕에 맛있고 즐거운 식사를 했다. 그러던 어느 날 밤 지니와 비니는 밥풀 우주복을 입고 신기한 '밥 한 그릇 별나라'를 여행하게 된다.

밥, 예쁘게 먹겠습니다!

글: 김세실, 용휘 그림: 손지희 출판사: 나는별 출판연도: 2018

쌍둥이 고양이인 앵두와 자두는 엄마와 아빠를 따라 기차를 타러 가던 중에 눈 깜짝할 새 엄마와 아빠를 놓친다. 그리고 엄마와 아빠를 찾아가는 중 판타지 속으로 들어간다. 기차 칸마다 새로운 판타지가 펼쳐지고, 식사 예절과 관련된 미션을 수행하면 특별한 동전을 얻을 수 있고, 다음 칸으로 이동할 수 있다.

밥 먹기 싫어

글: 크리스틴 슈나이 그림: 에르베 피넬 옮긴이: 김지연 출판사: 그린북
출판연도: 2023

저녁을 먹자는 아빠의 말에 루는 저녁 메뉴가 무엇인지 묻는다. 샐러드 수프라는 대답에 루는 먹기 싫다고 이야기한다. 자신이 먹어야 할 음식들을 모두 부엌에 있는 새싹이나 방에 있는 키 작은 장미나무에게 나눠 준 루는 결국 잠자리에 들기 전 배고픔을 느끼게 된다.

채소가 최고야

글: 이시즈 치히로 그림: 야마무라 코지 옮긴이: 엄혜숙 출판사: 천개의바람
출판연도: 2011

누에콩, 마늘, 파슬리, 순무, 샐러리, 당근, 토마토, 호박 등 채소들이 신나는 달리기 대회를 한다.

이러한 활동들은 하나의 활동으로만 진행되기보다는 건강과 관련된 주제를 중심으로 통합적으로 운영되어야 한다. 예를 들어, 손씻기와 관련된 건강교육을 한다면 손씻기에 대한 이야기 나누기를 하고, 동화를 듣고, 손씻기 노래를 불러보는 등 다양한 활동들을 통합하여 영유아의 지식, 기술, 태도를 발달시켜야 하는 것이다.

생각해보기

1. 영유아 건강교육에 활용할 수 있는 그림책을 찾아보세요.

■ 질병과 관련된 그림책

■ 영양과 관련된 그림책

■ 정신건강과 관련된 그림책

2. 영유아 건강교육을 위한 노래를 찾아보세요.

■ 질병과 관련된 노래

■ 영양과 관련된 노래

■ 정신건강과 관련된 노래

3. 그림책을 활용한 영유아 건강교육 활동을 계획해 보세요(활동명, 활동내용 등).

- 질병과 건강관리와 관련된 활동

■ 영양교육과 관련된 활동

■ 정신건강과 관련된 활동

Chapter 8

건강한 생활을 위한 습관 지도

습관은 어떤 행위를 오랫동안 되풀이하는 과정에서 저절로 익혀진 행동방식을 의미한다. 우리는 일상생활을 하며 많은 습관을 가지고 살아가고 있다. 이러한 습관들 중 건강한 생활을 위한 좋은 습관을 가지는 것은 무엇보다도 중요하다. 건강하게 살아가기 위해 우리는 일찍 자고 일찍 일어나기, 올바른 방법으로 깨끗하게 손씻기, 음식을 먹고 난 후 깨끗하게 이닦기, 몸에 좋은 음식을 골고루 먹기 등 좋은 습관들을 가져야 한다. 이러한 건강한 생활을 위한 습관은 영유아기부터 형성될 수 있도록 해야 하며, 이를 위해서는 지속적이고 반복적으로 지도해야 할 필요가 있다.

따라서 본 장에서는 영유아의 건강한 생활을 위한 습관 지도를 위해 손씻기, 이닦기, 식습관에 대한 내용을 살펴보고자 한다.

1. 손씻기
2. 이닦기
3. 식습관

들어가기

- 나의 손씻기 습관을 점검해 보세요.
  (손을 언제 씻나요? 손을 어떻게 씻나요?)

- 나의 식습관을 점검해 보세요.
  (주로 어떤 음식을 먹나요?)

1. 손씻기

매년 10월 15일은 2008년 UN에서 각종 감염으로 인한 전 세계 어린이들의 사망을 방지하기 위한 목적으로 제정된 '세계 손씻기의 날'이다. 우리는 하루에도 몇 번씩 손을 씻고 있지만, 얼마나 손을 깨끗하게 잘 씻고 있을까? 2024 감염병 예방행태 실태조사(질병관리청, 2024)에 따르면, 공중화장실을 이용하는 성인 중 약 3명 중 1명꼴로 물과 비누를 사용하여 손을 씻고 있으며(31.8%), 많은 사람이 물만 사용하거나(44.3%) 손을 씻지 않는 것(23.9%)으로 나타났다.

손씻기는 미국질병예방통제센터(CDC)에서 셀프백신('do-it-yourself' vaccine)으로 언급할 만큼 각종 감염병을 예방하는 가장 손쉽고 효과적인 방법이다. 세균과 바이러스는 손을 통해 전파될 위험이 높으므로, 손을 올바르게 씻으면 설사 질환은 23~40%, 호흡기 질환은 16~21% 감소시킬 만큼 질병의 감염률을 낮출 수 있다. 따라서 손씻기는 우리의 건강한 생활을 위한 습관 중에 매우 중요한 습관이라고 할 수 있다.

손은 언제 씻어야 할까? [그림 8-1]에서 제시한 것처럼, 우리는 일상생활을 하며 화장실을 사용한 후, 음식을 준비할 때, 식사 전, 코를 풀거나 기침 또는 재채기를 한 후, 질병이 있는 가족을 돌볼 때, 쓰레기를 만진 후, 동물 접촉 후 또는 먹이를 준 후, 상처를 치료한 후에는 반드시 손을 깨끗하게 씻어야 한다. 이 외에도 일상생활을 하며 수시로 손씻기를 해야 하는 상황이 생기는데, 이때 손을 씻는 행위 자체도 중요하지만 손을 어떻게 씻느냐가 더 중요하므로 올바른 손씻기 방법을 알고 실천하는 것이 필요하다.

식품의약품안전처 실험 결과에 따르면, 비누를 사용해서 흐르는 물에 손을 씻으면 손에 있던 세균이 99% 제거되지만, 비누 없이 흐르는 물로만 씻을 경우에는 88%, 흐르는 물이 아닌 고인 물에 씻으면 63.5% 제거되는 것으로 나타났다. 따라서 손을 씻을 때는 반드시 비누를 사용해서 흐르는 물에 깨끗하게 씻어야 한다. 올바른 손씻기 방법은 [그림 8-2]와 같이 흐르는 물에 비누로 30초 이상 손바닥, 손등, 손가락 사이, 두 손을 모아, 엄지손가락, 손톱 밑을 구석구석 꼼꼼하게 씻어야 한다.

영유아교육기관에서 교사는 영유아가 손을 올바른 방법으로 깨끗하게 씻을 수 있도록 지도하여야 한다. 이러한 손씻기 지도는 지속적이며 반복적으로 이루어져서 영유아가 스스로 손을 씻는 습관을 기를 수 있도록 해야 할 필요가 있다. 이러한 영유아의 손씻기 습관을 위해 교사는 다음과 같은 점을 지도해야 한다.

- 영유아가 손을 언제 씻어야 하는지 알 수 있도록 이야기해 주어야 한다. 즉, 화장실을 다녀온 후, 실외활동(실외놀이, 현장학습 등)을 한 후, 음식과 관련된 활동(요리하기 전, 간식이나 점심을 먹기 전)을 할 때, 그 밖에 코를 풀거나 기침 또는 재채기를 한 후, 쓰레기를 만진 후, 미술 활동을 한 후에는 손을 깨끗하게 씻어야 한다는 것을 영유아가 이해해야 한다.
- 왜 손을 깨끗하게 씻어야 하는지에 대한 내용을 이야기 나누어야 한다. 건강하게 생활하기 위해서는 손을 깨끗하게 씻어야 하는 이유에 대해서 알아야 실천력이 더 높아질 것이기 때문이다.
- 올바른 손씻기 방법에 대한 자료를 준비하여 이야기 나누기를 통해 영유아가 올바른 손씻기 방법에 대한 내용을 이해할 수 있도록 해야 한다.
- 교사가 시범을 보여주고, 영유아들은 개별적으로 세면대에서 손을 깨끗하게 씻어보는 경험을 직접적으로 해보아야 한다. 이때 반드시 비누를 사용하여 흐르는 물에 손을 올바른 방법으로 씻어보는 경험을 해야 한다.

이처럼 영유아교육기관에서 교사는 다양한 놀이와 활동(이야기 나누기, 동화, 동시, 노래 등)을 통해 영유아가 언제 손을 씻어야 하는지와 왜 손씻기가 중요한지, 어떻게 씻어야 손을 올바르게 그리고 깨끗하게 씻을 수 있는지에 대해 알 수 있도록 지원해 주어야 한다.

출처: 질병관리청(www.kdca.go.kr).

[그림 8-1] 손은 언제 씻어야 할까요?

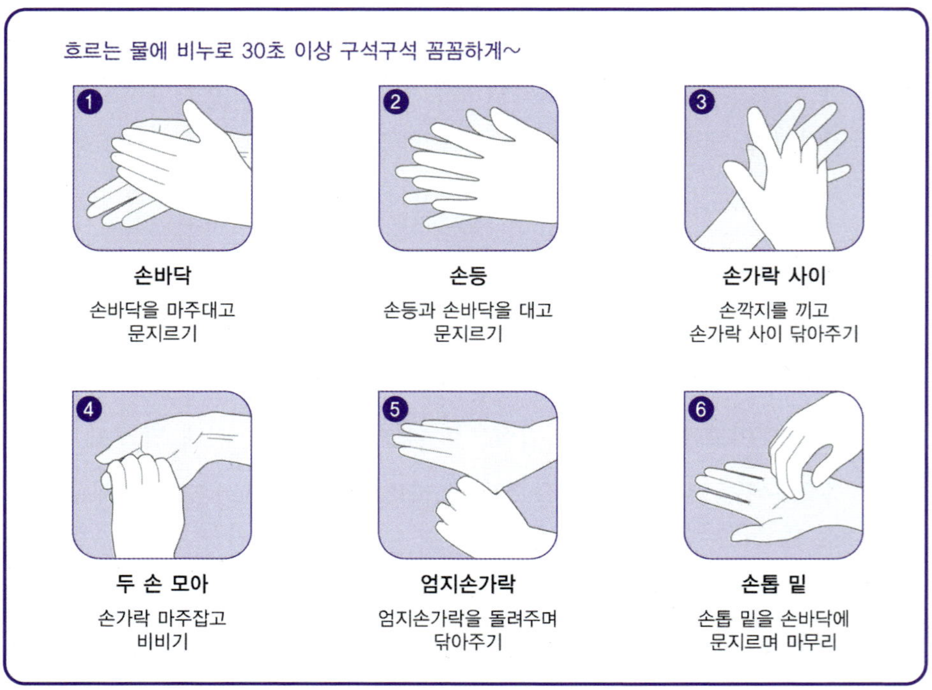

출처: 질병관리청(www.kdca.go.kr).

[그림 8-2] 올바른 손씻기 6단계

2. 이닦기

치아는 유치(젖니)와 영구치로 나뉜다. 유치(젖니)는 젖먹이 때에 나서 아직 갈지 않은 이로, 출생 후 6개월부터 아래쪽 앞니가 나기 시작하여 3세 전에 모두 나며 모두 20개이다. 영구치는 32개이며, 6세경이 되면 유치(젖니)가 빠지기 시작하여 영구치가 나오고 12세쯤 되면 유치(젖니)가 모두 빠지게 된다. 유치(젖니)가 나오고 빠지는 시기와 영구치가 나는 시기는 개인차가 있을 수 있지만, 일반적으로 [그림 8-3]과 같다.

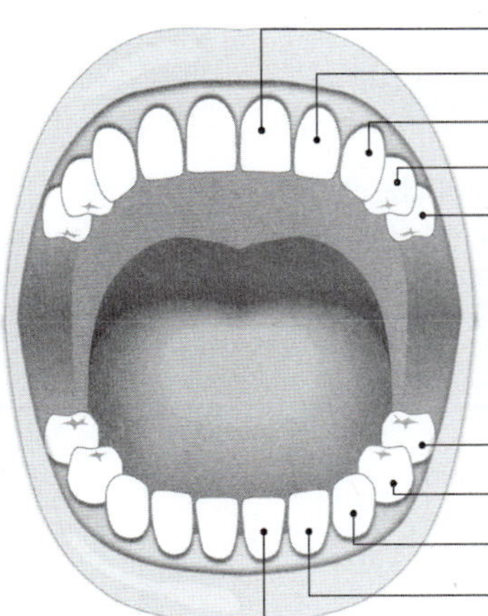

윗니	유치 나는 시기	유치 빠지는 시기
가운데 앞니	8–12개월	6–7세
바깥쪽 앞니	9–13개월	7–8세
송곳니	16–22개월	10–12세
첫번째 어금니	13–19개월	9–11세
두번째 어금니	25–33개월	10–12세
아랫니		
두번째 어금니	23–31개월	10–12세
첫번째 어금니	14–18개월	9–11세
송곳니	17–23개월	9–12세
바깥쪽 앞니	8–12개월	7–8세
가운데 앞니	6–10개월	6–7세

[그림 8-3] 유치(젖니) 나오는 시기와 빠지는 시기

유치(젖니)의 경우 빠질 치아라는 생각이 커서 관리에 소홀해질 수 있다. 그러나 유치(젖니)는 이후 영구치와 턱뼈의 발달과 언어발달에 중요한 역할을 한다. 따라서 유치(젖니)가 나오면 거즈나 실리콘 칫솔을 사용하여 영아의 잇몸과 치아를 닦아주어야 한다(황현주, 2017). 또한 영구치가 나오면 치아는 평생 사용해야 하므로 더욱더 건강하게 관리할 필요가 있다. 충치예방을 위해서 당분이 높은 음식 섭취를 줄이고 식후에는 반드시 양치질을 해야 하는데 올바른 양치법은 [그림 8-4]와 같다.

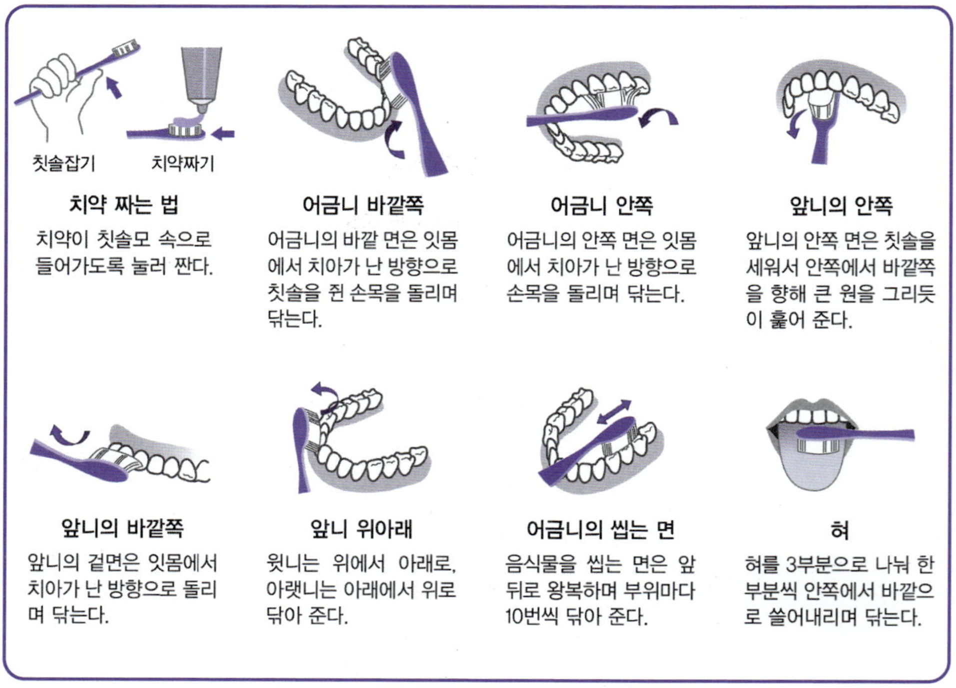

출처: 하이닥(www.hidoc.co.kr).

[그림 8-4] 올바른 양치법

영유아교육기관에서 교사는 영유아가 건강한 치아를 유지할 수 있도록 이닦기 지도를 해야 한다. 이닦기 지도는 지속적이며 반복적으로 이루어져서 영유아가 이를 올바른 방법으로 깨끗하게 닦는 습관을 기를 수 있도록 해야 할 필요가 있다. 이러한 영유아의 이닦기 습관을 위해 교사는 다음과 같은 점을 지도해야 한다.

- 언제 이를 닦아야 하는지, 왜 이를 닦아야 하는지에 대해 이야기한다.
- 치아 모형을 이용하여 이를 올바르게 닦는 방법에 대해 이야기한다.
- 교사가 시범을 보여준 후, 개별적으로 이닦기를 해본다.

〈영유아교육기관에서 이 닦는 모습〉

이처럼 영유아교육기관에서 교사는 다양한 놀이와 활동(이야기 나누기, 동화, 동극 등)을 통해 영유아가 언제 이를 닦아야 하는지와 왜 이를 닦아야 하는지, 그리고 이를 올바르게 닦는 방법에 대해 알 수 있도록 지원해 주어야 한다.

3. 식습관

우리는 음식 섭취를 통해 영양소를 공급 받으며 살아가고 있다. 그러므로 음식 섭취는 우리가 살아가는 데 있어 매우 중요한 일이며, 인간이 가지는 기본적인 욕구 중의 하나이다. 그러나 어떤 음식을 먹느냐에 따라 우리의 건강 상태는 달라질 수 있으므로, 건강하게 살아가기 위해서는 좋은 식습관을 가질 필요가 있다. 좋은 식습관을 가진다는 것은 몸에 좋은 음식을 섭취하는 것과 더불어 올바른 식사 태도를 가지는 것도 포함한다.

18개월~3세경의 영유아는 탐색과 호기심이 증가하고 자신의 욕구를 강하게 표현하며 음식을 거부하기도 한다. 유아기는 미각이 발달하여 식품에 대한 기호가 생기고 음식의 선호도가 뚜렷해진다. 또한 혼자서 음식을 섭취하는 것이 가능하고 다양한 음식을 먹는다(임민정, 임영심, 정정희, 2021).

〈표 8-1〉 영유아의 연령별 섭식행동

연령	행동 특성
18개월	• 숟가락을 들어 올릴 때 팔꿈치를 움직일 수 있다. • 음식에 대한 선호와 거부의 변동이 심하다. • 스스로 먹을 수 있는 능력이 생긴다.
2세	• 음식에 대한 선호가 확실해진다. • 섞이지 않은 음식을 선호한다. • 손가락으로 음식을 집고 컵을 잡을 수 있다. • 혼자 먹는 것이 쉬워진다.
3세	• 식욕이 증진된다. • 다양한 음식을 먹는다. • 혼자 잘 먹을 수 있게 된다.
4세	• 음식 준비 돕기를 즐긴다. • 식욕이 증진된다.
5세	• 식욕이 좋다. • 혼자 천천히 먹는다.

출처: 조경자, 이현숙(2013).

식습관은 영유아기부터 올바르게 형성할 수 있도록 지속적이고 반복적으로 지도해야 한다. 그 내용을 식사 전, 식사 동안, 식사 후로 나누어 보면 다음과 같다(양수영, 2021).

■ 식사 전

- 손씻기
- 식사 공간(식탁 등)을 깨끗하게 하기

■ 식사 전

- 음식의 소중함을 알고 적당량을 먹기
- 다양한 음식을 골고루 먹기
- 식사를 마칠 때까지 정해진 자리에 앉아서 먹기
- 식사 도구를 올바르게 사용하여 먹기
- 음식을 입에 넣고 말하지 않기
- 정해진 식사 시간을 지켜서 먹기

■ 식사 후

- 식사 공간(식탁 등)과 식사 도구를 정리하기

〈영유아교육기관에서 음식을 먹는 모습〉

생각해보기

1. 영유아가 올바른 방법으로 손씻기를 할 수 있도록 활동으로 계획해 보세요.

활 동 명	
활동유형	
활동목표	
활동자료	
활동내용	

2. 영유아가 올바른 방법으로 이를 닦을 수 있도록 활동으로 계획해 보세요.

활 동 명	
활동유형	
활동목표	
활동자료	
활동내용	

IV

영유아 건강교육의 실제

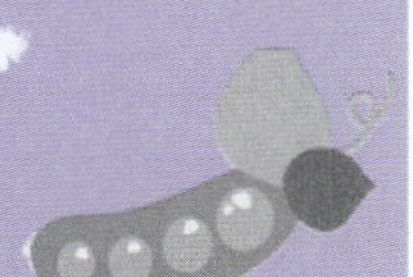

Chapter 9

영유아 건강교육의 실제

영유아교육기관에서의 건강교육은 다양한 놀이와 활동을 통해 이루어진다. 영유아의 놀이를 통해서도 배움이 일어나지만, 영유아와 교사가 함께 모여 집단으로 이루어지는 활동을 통해서도 많은 배움이 생긴다. 따라서 본 장에서는 영유아 건강교육이 활동을 통해 어떻게 이루어지는지 질병과 건강관리를 위한 활동, 영양교육을 위한 활동, 정신건강을 위한 활동 순으로 살펴보고자 한다.

1. 질병과 건강관리를 위한 활동
2. 영양교육을 위한 활동
3. 정신건강을 위한 활동

1. 질병과 건강관리를 위한 활동

활동명 | 감기벌레는 집 짓기를 좋아해

활동유형	동화
활동목표	• 감기를 예방하는 방법을 안다. • 자신의 경험, 느낌, 생각을 적절한 단어와 문장으로 말한다. • 바른 자세로 즐겁게 동화를 듣는다.
누리과정 관련요소	• 신체운동 · 건강 > 건강하게 생활하기 > 자신의 몸과 주변을 깨끗이 한다. • 신체운동 · 건강 > 건강하게 생활하기 > 질병을 예방하는 방법을 알고 실천한다. • 의사소통 > 듣기와 말하기 > 말이나 이야기를 관심 있게 듣는다. • 의사소통 > 듣기와 말하기 > 자신의 경험, 느낌, 생각을 말한다.
활동자료	• '감기벌레는 집 짓기를 좋아해' 그림동화, 그림 자료(파란색, 보라색, 초록색, 하얀색 벌레)
활동방법	**1. 그림책 표지를 보며 이야기 나눈다.** - 무엇이 보이니? - 이것은 무엇일까? - 표정들이 어떠니? - 모여서 무엇을 하고 있는 것 같니? - 이 동화의 제목은 '감기벌레는 집 짓기를 좋아해'야. - 감기벌레는 어떤 집들을 지을까? 어디에 집을 지을까? - '감기벌레는 집 짓기를 좋아해' 이야기를 잘 들어보자. **2. '감기벌레는 집 짓기를 좋아해' 동화를 듣는다.** **3. 동화의 그림만 다시 보며 이야기를 회상한다.**

4. 동화 내용에 대해 이야기 나눈다.

- 동화에 누가 나왔니?
- 민호에게 어떤 일이 생겼니?
- (파란색 감기벌레를 보여주며) 파란색 감기벌레는 어디에 집을 지었니? 왜 집이 사라졌을까?
- (보라색 감기벌레를 보여주며) 보라색 감기벌레는 어디에 집을 지었니? 왜 집이 사라졌을까?
- (초록색 감기벌레를 보여주며) 초록색 감기벌레는 어디에 집을 지었니? 왜 집이 사라졌을까?
- 감기벌레가 민호에게 찾아오지 않게 하려고 민호는 무엇을 했니?
- (하얀색 벌레를 보여주며) 하얀색 벌레가 나타나자 다른 벌레들이 어떻게 됐니?
- 하얀색 벌레는 어떤 일을 했니?

5. 활동을 회상하며 이야기 나눈다.

- '감기벌레는 집 짓기를 좋아해' 동화를 들으니 어땠니?
- 왜 그런 생각이 들었니?
- 기억에 남는 장면이 있니? 왜 기억에 남았니?
- 우리가 감기에 걸리지 않으려면 어떻게 해야 할까?

활동명 마스크를 올바르게 착용해요

활동유형	이야기 나누기
활동목표	• 마스크 착용의 중요성에 대해 안다. • 올바른 마스크 착용 방법에 대해 안다. • 자신의 경험, 느낌, 생각을 적절한 단어와 문장으로 말한다.
누리과정 관련요소	• 신체운동 · 건강 > 건강하게 생활하기 > 질병을 예방하는 방법을 알고 실천한다. • 의사소통 > 듣기와 말하기 > 말이나 이야기를 관심 있게 듣는다. • 의사소통 > 듣기와 말하기 > 자신의 경험, 느낌, 생각을 말한다.
활동자료	• 마스크 실물자료(면 마스크, KF 인증 마스크, 일회용 마스크), 사진자료(올바른 마스크 착용 방법)
활동방법	**1. 마스크를 써 본 경험에 대해 이야기 나눈다.** - 이것은 무엇일까? - 마스크를 써 본 적이 있니? - 언제 마스크를 썼니? - 마스크를 써 보니 어땠니? **2. 마스크 착용의 중요성에 대해 이야기 나눈다.** - 마스크는 왜 써야 할까? - 마스크는 언제 써야 할까? - 마스크를 쓰지 않으면 어떻게 될까? **3. 마스크의 종류에 대해 이야기 나눈다.** - 어떤 마스크를 써야 할까? - 어떤 마스크가 미세먼지와 세균을 가장 잘 막아줄까? **4. 올바른 마스크 착용법과 마스크를 버리는 방법에 대해 이야기 나눈다.** - 마스크를 어떻게 써야 할까? - 사용한 마스크는 어떻게 버리는 게 좋을까?

	5. 마스크의 종류와 착용 방법에 대해 회상하며 이야기 나눈다. - 무엇에 대해 이야기 나누었니? - 마스크는 왜 써야 할까? - 마스크는 어떻게 써야 할까? - 사용한 마스크는 어떻게 해야 할까? - 미세먼지와 세균으로부터 우리 몸을 보호할 수 있도록 마스크를 올바르게 사용하도록 하자.

활동명 손을 뽀드득

활동유형	동화
활동목표	• 올바르게 손 씻는 방법을 안다. • 바른 태도로 동화를 듣는다. • 자신의 경험, 느낌, 생각을 적절한 단어와 문장으로 말한다.
누리과정 관련요소	• 신체운동 · 건강 > 건강하게 생활하기 > 자신의 몸과 주변을 깨끗이 한다. • 신체운동 · 건강 > 건강하게 생활하기 > 질병을 예방하는 방법을 알고 실천한다. • 의사소통 > 듣기와 말하기 > 말이나 이야기를 관심 있게 듣는다. • 의사소통 > 듣기와 말하기 > 자신의 경험, 느낌, 생각을 말한다.
활동자료	• '손을 뽀드득' 그림동화, 비누(실물자료)
활동방법	**1. 비누에 대한 수수께끼를 낸다.** – 나는 여러 가지 모양을 가지고 있어요. – 나한테는 향기가 나요. – 나는 손을 깨끗하게 해주는 마법을 가지고 있어요. – 나는 무엇일까요? - 비누는 언제 사용할까? **2. 동화의 표지를 보고 내용을 추측해 본다.** - 무엇이 보이니? - 손에 무엇이 있니? - 손이 왜 반짝거릴까? - 어떤 이야기일까? - 손은 언제 씻어야 될까? **3. '손을 뽀드득' 동화를 듣는다.** **4. 동화의 그림만 보며 이야기를 회상한다.**

5. 동화의 내용을 회상하며 이야기 나눈다.

- 동화에 누가 나왔니?
- 건이에게 어떤 일이 있었니?
- 손에 아무것도 안 보이면 세균이 없을까?
- 세균은 어디에 있었니?
- 건이 손에 묻은 세균은 어디로 갔니?
- 나쁜 세균이 건이 몸에 들어가서 건이 몸은 어떻게 되었니?
- 건이는 언제 손을 씻었니?
- 손을 어떻게 씻었니?

6. 동화를 듣고 난 느낌에 대해 이야기 나눈다.

- '손을 뽀드득' 동화를 들으니 어땠니?
- 왜 그런 생각이 들었니?
- 우리 몸이 아프지 않으려면 어떻게 해야 할까?
- 손을 깨끗하게 하려면 어떻게 씻어야 할까?
- 우리도 손을 깨끗하게 씻어보자.

활동명 깨끗하게 양치해요

활동유형	이야기 나누기
활동목표	• 양치할 때 필요한 도구에 대해 안다. • 올바르게 양치하는 방법에 대해 안다.
누리과정 관련요소	• 신체운동 · 건강 > 건강하게 생활하기 > 자신의 몸과 주변을 깨끗이 한다. • 신체운동 · 건강 > 건강하게 생활하기 > 질병을 예방하는 방법을 알고 실천한다. • 의사소통 > 듣기와 말하기 > 자신의 경험, 느낌, 생각을 말한다. • 의사소통 > 듣기와 말하기 > 상황에 적절한 단어를 사용하여 말한다. • 의사소통 > 듣기와 말하기 > 상대방이 하는 이야기를 듣고 관련해서 말한다. • 자연탐구 > 생활 속에서 탐구하기 > 도구와 기계에 대해 관심을 가진다.
활동자료	• 그림자료(충치), 실물자료(칫솔, 치약), '깨끗하게 양치해요' 양치 순서판, 모형자료(이, 칫솔)
활동방법	**1. 그림자료를 보며 이야기 나눈다.** - 무엇이 보이니? - 왜 이가 검은색이 되었을까? - 너희들도 이런 적이 있었니? **2. 양치할 때 필요한 도구에 대해 이야기 나눈다.** - 이가 상하지 않게 하기 위해서는 어떻게 해야 할까? - 이를 잘 닦기 위해서는 무엇이 필요할까? - 칫솔과 치약이 없다면 어떻게 해야 할까? **3. 올바른 양치법에 대해 이야기 나눈다.** - 언제 이를 닦아야 할까? - 이를 어떻게 닦아야 할까? **4. 이와 칫솔 모형을 이용하여 이를 닦는 시범을 보인다.** - 누가 나와서 깨끗하게 이 닦는 모습을 보여주겠니? **5. 활동을 회상하며 이야기 나눈다.** - 무엇에 대해 이야기를 나누었니? - 이를 닦기 위해서는 무엇이 필요하니? - 이를 깨끗하게 닦기 위해서는 어떻게 해야 할까?

활동명 예방주사를 왜 맞을까?

활동유형	이야기 나누기
활동목표	• 예방접종의 의미와 필요성에 대해 안다. • 예방접종에 대해 긍정적인 태도를 갖는다.
누리과정 관련요소	• 신체운동 · 건강 > 건강하게 생활하기 > 질병을 예방하는 방법을 알고 실천한다. • 의사소통 > 듣기와 말하기 > 말이나 이야기를 관심 있게 듣는다. • 의사소통 > 듣기와 말하기 > 자신의 경험, 느낌, 생각을 말한다.
활동자료	• 사진자료(예방접종하는 유아), 실물자료(주사기)
활동방법	**1. 주사를 맞아본 경험에 대해 이야기 나눈다.** -(사진자료를 보며) 이 아이는 무엇을 하고 있을까? -왜 주사를 맞고 있을까? -주사를 맞아본 적이 있니? -왜 주사를 맞았니? -주사를 맞으니 어땠니? **2. 예방접종의 의미와 필요성에 대해 이야기 나눈다.** -주사는 꼭 우리 몸이 아플 때 맞는 것일까? -또 언제 주사를 맞을까? -예방접종을 해 본 적 있니? -예방접종은 무슨 말일까? -예방접종은 왜 할까? -예방접종을 하지 않으면 우리 몸은 어떻게 될까? **3. 예방접종 후의 행동에 대해 이야기 나눈다.** -예방접종을 하면 우리 몸은 항상 건강할까? -예방접종 후에 우리 몸을 건강하게 유지하기 위해서 어떻게 해야 할까?

	4. 활동을 회상하며 이야기 나눈다. - 무엇에 대해 이야기 나누었니? - 예방접종은 왜 해야 할까? - 예방접종을 하지 않으면 어떻게 될까? - 예방접종만 하면 우리 몸은 건강하게 될까? - 예방접종을 하고 나서 어떻게 해야 할까?

활동명 충치 도깨비 달달이와 콤콤이

활동유형	동화
활동목표	• 이를 깨끗하게 닦아야 한다는 것을 안다. • 바른 태도로 동화를 듣는다. • 자신의 경험, 느낌, 생각을 적절한 단어와 문장으로 말한다.
누리과정 관련요소	• 신체운동 · 건강 > 건강하게 생활하기 > 자신의 몸과 주변을 깨끗이 한다. • 신체운동 · 건강 > 건강하게 생활하기 > 질병을 예방하는 방법을 알고 실천한다. • 의사소통 > 듣기와 말하기 > 자신의 경험, 느낌, 생각을 말한다. • 의사소통 > 듣기와 말하기 > 말이나 이야기를 관심 있게 듣는다. • 의사소통 > 책과 이야기 즐기기 > 책에 관심을 가지고 상상하기를 즐긴다.
활동자료	• '충치 도깨비 달달이와 콤콤이' 그림동화
활동방법	**1. 표지를 보며 내용을 상상해 본다.** - 무엇이 보이니? - 이가 왜 이렇게 되었을까? - 달달이와 콤콤이는 무엇일까? - 어떤 이야기일까? **2. '충치도깨비 달달이와 콤콤이' 동화를 듣는다.** **3. '충치도깨비 달달이와 콤콤이' 동화의 그림만 보고 이야기를 회상한다.** **4. 동화 내용에 대해 이야기 나눈다.** - 무엇이 나왔니? - 충치 도깨비들이 이 속에 살면서 무엇을 했니? - 충치 도깨비들을 없애기 위해 누가 왔니? - 칫솔경찰관이 와서 입 안에서 무엇을 했니? - 이를 닦지 않아서 충치 도깨비들이 사라지지 않으면, 이는 어떻게 될까?

5. 동화를 들은 느낌에 대해 이야기 나눈다.

-'충치도깨비 달달이와 콤콤이' 동화를 들어보았는데, 어땠니?

-왜 그런 생각이 들었니?

-기억에 남는 장면이 있니?

-충치가 생기지 않게 하기 위해 어떻게 해야 할까?

2. 영양교육을 위한 활동

활동명 과일 샌드위치 만들기

활동유형	요리
활동목표	• 몸에 좋은 음식에 대해 관심을 가진다. • 다양한 과일로 요리하며 즐거움을 느낀다.
누리과정 관련요소	• 신체운동 · 건강 > 건강하게 생활하기 > 몸에 좋은 음식에 관심을 가지고 바른 태도로 즐겁게 먹는다. • 의사소통 > 듣기와 말하기 > 자신의 경험, 느낌, 생각을 말한다. • 자연탐구 > 탐구과정 즐기기 > 궁금한 것을 탐구하는 과정에 즐겁게 참여한다.
활동자료	• 사진자료(여러 종류의 과일), 요리 재료(과일, 생크림, 식빵), 요리 도구(접시, 숟가락, 플라스틱 칼)
활동방법	**1. 컬러 푸드에 대해 이야기 나눈다.** -(과일 사진자료를 보여주며) 이것은 무엇일까? -이것을 먹어본 적이 있니? -어떤 과일을 가장 좋아하니? -왜 그 과일을 가장 좋아하니? -빨간색 과일은 무엇이 있을까? -초록색 과일은 무엇이 있을까? -노란색 과일은 무엇이 있을까? -과일은 왜 먹어야 할까? **2. 요리 재료를 탐색한다.** -무엇이 있니? -과일이 어떻게 생겼니? -무슨 색이니? -반을 자르면 어떻게 될까? -이 과일들을 어떻게 먹으면 좋을까?

- 과일 샌드위치를 먹어본 적이 있니?

3. 요리 재료와 도구에 대해 이야기 나눈다.

- 과일 샌드위치를 만들기 위해서는 무엇이 필요할까?
- 과일을 자를 때 칼은 어떻게 사용해야 할까?

4. 과일 샌드위치 만들기 순서에 대해 이야기 나눈다.

- 과일 샌드위치를 만들려면 먼저 무엇을 해야 할까?
- 다음에는 무엇을 해야 할까?

[순서]

재료: 과일, 생크림, 식빵
도구: 접시, 숟가락, 플라스틱 칼

1) 과일을 깨끗이 씻어 준비한다.
2) 식빵 위에 생크림을 바른다.
3) 2) 위에 과일을 올린다.
4) 빈 곳에 생크림을 채워준다.
5) 4) 위에 식빵을 덮는다.
6) 샌드위치를 칼로 자른다.

5. 과일 샌드위치를 만든다.

- 빵에 생크림을 바를 때 느낌이 어떠니?
- 과일을 자르니 어떤 모양이니?

6. 과일 샌드위치를 맛있게 먹고 이야기 나눈다.

- 과일로 무엇을 만들었니?
- 과일 샌드위치를 만들어보니 어땠니?
- 과일 샌드위치를 먹어보니 맛은 어땠니?
- 어떤 과일로 과일 샌드위치를 만들어 보고 싶니?

활동명 무지개 야채

활동유형	노래
활동목표	• 몸에 좋은 음식이 있음을 안다. • 몸에 좋은 음식에 관심을 가진다. • 친구들과 함께 노래를 즐겁게 부른다.
누리과정 관련요소	• 신체운동 · 건강 > 건강하게 생활하기 > 몸에 좋은 음식에 관심을 가지고 바른 태도로 즐겁게 먹는다. • 의사소통 > 듣기와 말하기 > 자신의 경험, 느낌, 생각을 말한다. • 예술경험 > 창의적으로 표현하기 > 노래를 즐겨 부른다.
활동자료	• 사진자료(여러 가지 색깔의 야채 – 토마토, 당근, 파프리카, 브로콜리), 가사판
활동방법	**1. 여러 가지 색깔의 야채에 대해 이야기 나눈다.** - 이것은 무엇일까? - 먹어본 적이 있니? - 맛이 어땠니? - 빨간색 야채에는 어떤 것이 있을까? - 주황색 야채에는 어떤 것이 있을까? - 노란색 야채에는 어떤 것이 있을까? - 초록색 야채에는 어떤 것이 있을까? - 당근(토마토, 파프리카, 브로콜리)을 먹으면 어떤 소리가 날까? **2. '무지개 야채' 노래를 듣고, 가사에 대해 이야기 나눈다.** - 노래를 들어보니 어땠니? - 노래 가사에 무엇이 나오니? - 토마토(당근, 파프리카, 브로콜리)를 먹을 때 어떤 소리가 났니? **3. 다양한 방법으로 노래를 부른다.** - 한 가지 소리로 노래를 불러보자. 어떤 소리로 불러보고 싶니? - 선생님과 나누어서 불러보자. - 다함께 불러보자.

4. 가사를 바꿔서 불러본다.

- 채소 중에 빨간색 채소는 또 무엇이 있을까?
- 주황색 채소는 또 무엇이 있을까?
- 노란색 채소는 또 무엇이 있을까?
- 초록색 채소는 또 무엇이 있을까?
- 가사를 바꾸어서 불러보자.

5. 활동을 회상하고 마무리한다.

- 무슨 노래를 불러보았니?
- 노래를 불러보니 어땠니?
- 노래를 부르면서 어려운 부분은 없었니?
- 가사를 바꿔서 불러보니 어땠니?

활동명 알록달록 색깔 음식

활동유형	이야기 나누기
활동목표	• 여러 가지 색깔의 음식에 관심을 가진다. • 몸에 좋은 음식을 골고루 먹는 습관을 기른다. • 자신의 경험, 느낌, 생각을 적절한 단어와 문장으로 말한다.
누리과정 관련요소	• 신체운동 · 건강 > 건강하게 생활하기 > 몸에 좋은 음식에 관심을 가지고 바른 태도로 즐겁게 먹는다. • 의사소통 > 듣기와 말하기 > 말이나 이야기를 관심 있게 듣는다. • 의사소통 > 듣기와 말하기 > 자신의 경험, 느낌, 생각을 말한다. • 의사소통 > 듣기와 말하기 > 상황에 적절한 단어를 사용하여 말한다.
활동자료	• 사진자료(여러 가지 색깔의 음식 - 빨간색, 노란색, 초록색, 보라색, 흰색, 검은색)
활동방법	**1. 아침에 먹고 온 음식에 대하여 이야기 나눈다.** - 오늘 아침에 무슨 음식을 먹고 왔니? - 음식이 무슨 색깔이었니? - 좋아하는 색깔의 음식이 있니? - 왜 그 색깔의 음식을 좋아하니? **2. 여러 가지 색깔의 음식에 대해 이야기 나눈다.** - ㅇㅇ색 음식을 먹어 보았니? - ㅇㅇ색 음식에는 어떤 것이 있을까? - 또 다른 ㅇㅇ색 음식이 있을까? - ㅇㅇ색 음식을 먹으면 우리 몸의 어떤 부분이 좋아질까? - 왜 그렇게 생각하니? **3. 색깔 음식을 골고루 먹어야 하는 이유에 대해 이야기 나눈다.** - ㅇㅇ색 음식을 먹지 않으면 어떻게 될까? - 내가 좋아하는 색깔의 음식만 먹으면 어떻게 될까? **4. 활동을 마무리하며 이야기 나눈다.** - 무엇에 대해 알아보았니? - 새롭게 알게 된 점이 있니? - 어떤 색의 음식을 먹어야 할까?

활동명 ⁝ 알록달록 과일 화채

활동유형	요리
활동목표	• 여러 가지 색깔의 과일이 있음을 안다. • 즐겁게 과일 화채를 만든다. • 몸에 좋은 음식에 관심을 갖는다.
누리과정 관련요소	• 신체 운동 · 건강 > 건강하게 생활하기 > 몸에 좋은 음식에 관심을 가지고 바른 태도로 즐겁게 먹는다. • 의사소통 > 듣기와 말하기 > 자신의 경험, 느낌, 생각을 말한다. • 자연탐구 > 생활 속에서 탐구하기 > 물체의 특성과 변화를 여러 가지 방법으로 탐색한다.
활동자료	• 사진자료(수박 / 청포도, 키위 / 오렌지), 요리 순서도, 실물자료(과일 – 수박, 청포도, 오렌지, 키위), 그릇, 숟가락, 앞치마, 유아용 칼, 얼음,
활동방법	**1. 여러 가지 색깔의 과일에 대해 이야기 나눈다.** - 빨간색 과일은 무엇이 있을까? - 주황색 과일은 무엇이 있을까? - 초록색 과일이 무엇이 있을까? **2. 여러 가지 색깔의 과일로 만들 수 있는 음식에 대해 이야기 나눈다.** - 이 과일들로 어떤 음식을 만들 수 있을까? - 알록달록 과일 화채를 만들어 볼까? **3. 화채를 만들 때 필요한 재료들에 대해 이야기 나눈다.** - 과일 화채를 만들기 위해서는 무엇이 필요할까? **4. 화채 만드는 방법에 대해 이야기 나눈다.** - 과일 화채는 어떻게 만들까? - 가장 먼저 무엇을 해야 할까? - 그 다음에는 무엇을 해야 할까?

〈순서〉

1. 재료를 깨끗이 씻는다.
2. 과일을 먹기 좋은 크기로 자른다.
3. 넣고 싶은 과일을 그릇에 담는다.
4. 얼음을 넣는다.
5. 잘 섞는다.

5. 요리할 때 안전 규칙에 대해 이야기 나눈다.

- 과일을 자를 때는 어떻게 해야 할까?

6. 과일 화채를 만든다.

- 어떤 과일을 넣어보고 싶니?
- 과일을 잘라보자.
- 꿀과 물을 섞으니 어떻게 되었니?

7. 과일 화채를 먹고 이야기 나눈다.

- 과일로 화채를 만들어 보니 어땠니?
- 무엇으로 과일 화채를 만들었니?
- 어떤 과일을 넣어보았니?
- 과일 화채의 색이 어떻니?
- 과일 화채를 먹어보니 어땠니?
- 요리하면서 어려운 점이 있었니?
- 과일로 또 어떤 음식을 만들어 볼 수 있을까?

활동명 | 5대 영양소를 찾아라

활동유형	게임
활동목표	• 5대 영양소 음식에 대해 안다. • 5대 영양소에 맞게 음식을 분류할 수 있다. • 건강한 식습관에 관심을 가진다. • 약속을 지키며 친구들과 즐겁게 게임에 참여한다.
누리과정 관련요소	• 신체운동 · 건강 > 신체활동 즐기기 > 실내외 신체활동에 자발적으로 참여한다. • 신체운동 · 건강 > 건강하게 생활하기 > 몸에 좋은 음식에 관심을 가지고 바른 태도로 즐겁게 먹는다. • 사회관계 > 더불어 생활하기 > 약속과 규칙의 필요성을 알고 지킨다. • 자연탐구 > 생활 속에서 탐구하기 > 일상에서 모은 자료를 기준에 따라 분류한다.
활동자료	• 5대 영양소별 음식 카드, 장갑, 점수판, 신호악기
활동방법	**1. 5대 영양소에 대해 이야기 나눈다.** - 이것은 무엇일까? - 이것을 먹으면 무엇이 좋을까? **2. 게임 자료에 대해 이야기 나눈다.** - 이것으로 어떤 게임을 할 수 있을까? - 게임을 하기 위해서는 또 무엇이 필요할까? **3. 게임 방법에 대해 이야기 나눈다.** - 어떤 방법으로 게임을 할 수 있을까? - 팀을 어떻게 나누면 좋을까? **〈게임 방법〉** ① 출발선에 서서 장갑을 낀다. ② 출발 신호음에 맞추어 5대 영양소 음식 카드를 장갑에 붙여 온다. ③ 장갑을 뺀 후, 음식 카드를 5대 영양소에 맞게 붙인다. ④ 점수는 알맞게 붙인 음식 카드 수만큼 얻게 된다. ⑤ 점수를 많이 얻은 팀이 이긴다.

4. 게임을 할 때 지켜야 할 약속에 대해 이야기 나눈다.
- 게임을 할 때 어떻게 하면 안전하고 즐겁게 게임을 할 수 있을까?
- 알맞게 붙이지 않은 음식 카드는 어떻게 하면 좋을까?

5. 게임을 한다.

6. 게임 결과를 알아본다.
- 어떤 팀의 점수가 더 많니?

7. 게임 활동을 회상하며 느낌에 대해 이야기한다.
- 무슨 게임을 해보았니?
- 게임을 해보니 어땠니?
- 게임을 하면서 어려웠던 점은 없었니?

활동명 ⁝ 편식이를 지켜라

활동유형	게임
활동목표	• 건강한 음식의 종류에 대해 안다. • 건강한 음식과 건강하지 않은 음식을 분류해 본다. • 건강한 음식을 골고루 먹으려는 태도를 가진다. • 약속을 지키며 친구들과 즐겁게 게임에 참여한다.
누리과정 관련요소	• 신체운동 · 건강 > 신체 활동 즐기기 > 신체를 인식하고 움직인다. • 신체운동 · 건강 > 건강하게 생활하기 > 몸에 좋은 음식에 관심을 가지고 바른 태도로 즐겁게 먹는다. • 사회관계 > 더불어 생활하기 > 약속과 규칙의 필요성을 알고 지킨다. • 자연탐구 > 생활 속에서 탐구하기 > 일상에서 모은 자료를 기준에 따라 분류한다.
활동자료	• 인형 자료, 게임 설명판, 음식그림카드, 신호악기, 점수판
활동방법	**1. 편식하는 아이의 이야기를 듣는다.** -어떤 친구가 너희들에게 물어보고 싶은 게 있어서 찾아왔어. - 안녕, 나는 편식이야. 난 세상에서 고기를 제일 좋아해. 오늘도 고기 먹고 왔지! - 혹시 너희는 어떤 음식을 좋아해? - 안 좋아하는 음식도 있어? 어떤 음식이야? 왜 안 좋아해? - 나도 그거 안 먹는데! - 음.. 그런데.. 내가 음식 때문에, 고민이 있어. - 요즘 배가 아프고, 화장실을 못 가서 너무 힘들었는데 엄마한테 물어보니까, 내가 야채랑 과일을 안 먹고 고기만 먹어서 변비에 걸린 거래. - 건강한 음식을 먹으면 좋다는데 난 건강한 음식이 뭔지 몰라. - 혹시 오늘 친구들이 나를 위해 건강한 음식을 찾아줄 수 있어? **2. 게임 자료를 탐색하고 게임을 소개한다.** -편식이가 무슨 이야기를 해주었니? -편식이를 어떻게 도와줄 수 있을까? -'편식이를 지켜라!'라는 게임을 해 볼 거야. -게임을 하기 위해서는 무엇이 필요할까? -이것은 무엇일까? -이것으로 어떤 게임을 할 수 있을까?

3. 게임 방법에 대해 이야기 나눈다.

- 이것으로 어떻게 게임을 할 수 있을까?

〈게임 방법〉

1. 그림 카드를 펼쳐 놓는다.
2. 교사의 설명을 듣고, 어떤 음식인지 생각해 본다.
3. 교사의 출발 신호를 듣고, 음식 카드 쪽으로 출발한다.
4. 정답이라고 생각하는 카드를 가져온다.
5. 먼저 출발선에 들어오면 점수판에 카드를 붙인다.

4. 게임 규칙에 대해 이야기 나눈다.

- 안전하고 즐겁게 게임을 하기 위해 어떻게 해야 할까?
- 만약 카드를 잘못 가져왔을 땐, 어떻게 하면 좋을까?

5. 게임을 한다.

- 선생님이 말하는 것을 잘 듣고 어떤 음식인지 생각해 보자. 선생님이 '출발'이라고 말하면 카드를 가지러 가면 돼.
- (   ) 팀이 가져온 카드가 맞는 것 같니?

6. 완성된 음식 판을 보고 편식이의 이야기를 듣는다.

- 이 음식 카드는 건강한 음식들이야.
- 너희들이 건강한 음식 카드를 열심히 모아주어서, 이제 편식이에게 건강한 음식을 줄 수 있게 되었어.
- 이제 편식이를 불러서, 이야기를 들어보자.

너희들이 준비해 준 건강한 음식 잘 받았어!
너희가 알려준 음식들을 골고루 먹었더니, 이제 화장실도 잘 가고 배도 안 아파!
정말 고마워!
이제 친구들도 나한테 알려준, 건강한 음식을 잘 먹을 수 있지?
다음에는 더 튼튼하고 멋진 모습으로 만나자. 안녕!

7. 게임을 하며 느낀 점에 대해 이야기 나눈다.

- 어떤 게임을 해보았니?
- 게임을 해보니 어땠니?
- 어떤 음식이 있었니?
- 게임을 하면서 힘들었던 점이 있었니?

3. 정신건강을 위한 활동

활동명 | 소피가 화나면, 정말 정말 화나면

활동유형	동화
활동목표	• 자신의 감정에 대해 관심을 가진다. • 자신의 경험, 느낌, 생각을 적절한 단어와 문장으로 말한다. • 동화를 바른 자세로 듣는다.
누리과정 관련요소	• 의사소통 > 듣기와 말하기 > 말이나 이야기를 관심 있게 듣는다. • 의사소통 > 듣기와 말하기 > 자신의 경험, 느낌, 생각을 말한다. • 의사소통 > 책과 이야기 즐기기 > 책에 관심을 가지고 상상하기를 즐긴다. • 사회관계 > 나를 알고 존중하기 > 나의 감정을 알고 상황에 맞게 표현한다. • 사회관계 > 더불어 생활하기 > 서로 다른 감정, 생각, 행동을 존중한다.
활동자료	• '소피가 화나면, 정말 정말 화나면' 그림동화
활동방법	**1. 표지를 보며 이야기를 추측해 본다.** - 무엇이 보이니? - 이 아이의 기분은 어떤 것 같니? - 왜 그렇게 생각했니? - 왜 화가 났을까? - 이야기를 잘 들어보자. **2. '소피가 화나면, 정말 정말 화나면' 동화를 듣는다.** **3. 동화의 그림만 보며 내용을 회상한다.** **4. 동화의 내용에 대해 이야기 나눈다.** - 소피에게 무슨 일이 있었니? - 소피는 왜 화가 났을까? - 언니가 고릴라를 빼앗아 갔을 때 소피는 어떻게 했니? - 이때 소피는 무슨 기분이 들었을까?

- 소피는 화를 풀려고 어떻게 했니?
- 그렇게 하니 소피의 기분은 어떻게 바뀌었니?

5. 화가 났던 유아의 경험에 대해 이야기 나눈다.

- 너희들은 소피처럼 가족들이나 다른 사람 때문에 화가 난 적이 있니?
- 무엇 때문에 화가 났니?
- 화가 났을 때 어떻게 했니?
- 그렇게 했을 때 기분은 어땠니?
- 만약에 너희가 소피라면, 화가 났을 때 어떻게 하면 기분이 좋아질 수 있을 것 같니?

6. 화날 때 기분이 나아지는 방법에 대해 이야기 나눈다.

- 화가 날 때는 어떻게 하면 좋을까?
- 왜 그렇게 생각하니?
- 내 기분을 어떻게 표현하는 것이 가장 좋을까?
- 가장 좋은 방법은 무엇일까?

7. 동화를 듣고 난 느낌에 대해 이야기 나눈다.

- 동화를 듣고 나니 어떤 생각이 드니?
- 왜 그렇게 생각했니?
- 화가 날 때 어떻게 하면 좋을까?

활동명 스마트폰을 바르게 사용해요

활동유형	이야기 나누기
활동목표	• 스마트폰을 올바르게 사용하는 방법에 대해 안다. • 자신의 경험, 느낌, 생각을 적절한 단어와 문장으로 말한다. • 스마트폰을 바르게 사용하는 태도를 기른다.
누리과정 관련요소	• 신체운동 · 건강 > 건강하게 생활하기 > 질병을 예방하는 방법을 알고 실천한다. • 신체운동 · 건강 > 안전하게 생활하기 > TV, 컴퓨터, 스마트폰 등을 바르게 사용한다. • 의사소통 > 듣기와 말하기 > 말이나 이야기를 관심 있게 듣는다. • 의사소통 > 듣기와 말하기 > 자신의 경험, 느낌, 생각을 말한다. • 의사소통 > 듣기와 말하기 > 상황에 적절한 단어를 사용하여 말한다. • 자연탐구 > 생활 속에서 탐구하기 > 도구와 기계에 대해 관심을 가진다.
활동자료	• 실물자료(스마트폰), 그림자료(어두운 곳에서 스마트폰 사용, 엎드려서 스마트폰 사용, 밥 먹으면서 스마트폰 사용)
활동방법	**1. 스마트폰을 사용해 본 경험에 대해 이야기 나눈다.** - 이것은 무엇일까? - 스마트폰을 사용해 본 적이 있니? - 스마트폰으로 무엇을 해 보았니? - 시간은 얼마나 사용해 보았니? - 스마트폰을 사용해 보니 어땠니? **2. 스마트폰의 긍정적인 면과 부정적인 면에 대해 이야기 나눈다.** - 스마트폰은 언제 사용해야 할까? - 스마트폰을 사용하면 무엇이 좋을까? - 스마트폰은 우리에게 어떤 도움을 줄까? **3. 스마트폰의 올바른 사용 방법에 대해 이야기 나눈다.** - 스마트폰을 어떤 자세로 사용하고 있니? - 이렇게 사용하면 우리 몸은 어떻게 될까? - 왜 그렇게 생각했니? - 스마트폰은 어떻게 사용해야 할까?

4. 활동을 마무리하며 이야기 나눈다.

- 무엇에 대해 이야기 나누었니?
- 새롭게 알게 된 점이 있니?
- 스마트폰을 바르게 사용하기 위해서는 어떻게 해야 할까?
- 스마트폰을 얼마나 사용해야 할까?
- 스마트폰으로 무엇을 해야 할까?

활동명 피터의 의자

활동유형	동화
활동목표	• 자신의 감정에 대해 관심을 가진다. • 자신의 경험, 느낌, 생각을 적절한 단어와 문장으로 말한다. • 동화를 바른 자세로 듣는다.
누리과정 관련요소	• 의사소통 > 듣기와 말하기 > 말이나 이야기를 관심 있게 듣는다. • 의사소통 > 듣기와 말하기 > 자신의 경험, 느낌, 생각을 말한다. • 의사소통 > 책과 이야기 즐기기 > 책에 관심을 가지고 상상하기를 즐긴다. • 사회관계 > 나를 알고 존중하기 > 나의 감정을 알고 상황에 맞게 표현한다. • 사회관계 > 더불어 생활하기 > 서로 다른 감정, 생각, 행동을 존중한다.
활동자료	• '피터의 의자' 그림동화, 막대인형(피터)
활동방법	**1. 피터(막대인형)의 이야기를 듣는다.** - 피터의 이야기를 들어보자. 안녕, 얘들아! 내 이름은 '피터'라고 해! 나는 요즘 고민이 있어.. 바로 내 동생이 생겼다는 거야! 그게 왜 고민이냐고? 그 이유는 내가 소중하게 생각했던 물건들이 하나씩 동생 것이 되고 있다는 거야! 나는 그게 너무너무 속상해... 너희 중에도 나와 같은 기분을 느낀 친구가 있을까? 내 이야기를 더 자세히 들어보고 너희는 이럴 때 어떻게 하는지 알려줄래? **2. '피터의 의자' 동화 표지를 보고 이야기를 상상해 본다.** - 이 친구의 이름은 무엇이니? - 피터는 어떤 생각을 하고 있을까? - 이 아기는 누구일까? - 무슨 일이 생겼을까? **3. '피터의 의자' 동화를 듣는다.** **4. 동화의 그림만 보면서 내용을 회상한다.**

	5. 동화 내용에 대해 이야기 나눈다. - 피터에게 무슨 일이 있었니? - 피터가 어렸을 때 사용했던 물건이 어떻게 되었니? - 피터는 동생에게 많은 것을 양보해 주었는데 그때 피터의 마음은 어떤 것 같니? - 피터가 아끼던 의자에 앉았을 때 어떤 일이 벌어졌니? - 피터는 이제 어떻게 하기로 했니? **6. 동화를 듣고 느낀 점에 대해 이야기 나눈다.** - 동화를 듣고 나니 어땠니? - 왜 그런 생각이 들었니? - 어떤 장면이 가장 기억나니? - 피터와 같은 기분이 든 적이 있니? - 언제 그런 기분이 들었니? - 그때 어떻게 했니? - 피터처럼 동생에게 양보해야 한다면 어떨 것 같니?

참고문헌

경기도교육청(2020). **영양 · 식생활교육 영상자료.** 경기도교육청.

공인호(2023. 08. 11.). '수명 연장'에 올인하는 미국 부자들. **포춘코리아.** https://www.fortunekorea.co.kr/news/articleView.html?idxno=29682

교육부(2019). **2019 개정 누리과정 해설서.** 세종: 교육부.

교육부(2020). **2019 개정 누리과정 놀이운영사례집: 놀이, 유아가 세상을 만나고 살아가는 힘.** 세종: 교육부

굿네이버스(2016). **굿네이버스 연차보고서.** 굿네이버스. https://www.goodneighbors.kr/annual_report/2016

김남순, 신호성, 채수미, 황승식, 황재민(2011). **기후변화 관련 건강문제 적응대책에 대한 평가체계 개발** (연구보고서 40-1). 한국보건사회연구원.

김새롬, 김명순(2023). 어린이놀이터 설치 · 운영에 대한 관련법의 비교분석을 통한 환경조성 개선방안. **육아정책연구, 50**(3), 123-145.

김연수(2016). 스마트기기 사용 증가에 따른 어머니-유아 상호작용 감소 연구. **한국아동연구학회지, 37**(3), 45-62.

김잔디(2022. 01. 06.). 영양교육이 청소년의 식습관 및 건강에 미치는 긍정적 효과. **연합뉴스.** https://www.yna.co.kr/view/AKR20220106142500017

박경숙(2013). 영유아의 스마트기기 이용이 정서지능에 미치는 영향. 강남대학교 대학원 유아교육과 석사학위논문.

박정렬(2022. 04. 27.). 코로나19 이후 국민들 '건강 관심' 커졌다. **매경헬스.** https://www.mkhealth.co.kr/news/articleView.html?idxno=57538

박현선(2020). 놀이친화적 환경이 아동의 삶의 질에 미치는 영향-놀이공간 조성과 지역 유형에 따른 다집단 분석. **한국아동복지학, 69**(2), 175-201.

보건복지부(2020). **제4차 어린이집 표준보육과정 해설서.** 세종: 보건복지부.

보건복지부(2013). **영유아 예방접종 가이드라인.** 서울: 보건복지부 출판부.

세계보건기구(2022). **정신건강 및 안녕감을 위한 회복 활동: 세계보건기구 퀄리티라이츠 전문화된 훈련.**

송경은(2023. 09. 01.). 2030은 탈모, 4050은 다이어트… 뒤바뀐 건강 관심. **매일경제.** https://www.mk.co.kr/news/business/10820252

식품의약품안전처(2007). **어린이 식품 안전. 가이드라인.**

신선미(2021. 04. 08.). 김강립 식약처장: 청소년기 식습관이 평생 건강에 미치는 영향. **연합뉴스.** https://www.yna.co.kr/view/AKR20210408049500530

신지영, 백주하, 채수미(2023). 기후변화와 정신건강에 대한 국내 연구 동향: 스코핑 리뷰. **한국기후변화학회지, 14**(6-2), 989-1003.

심도현(2020). **스마트기기 사용과 영유아 건강: WHO 권고를 중심으로**(이슈분석 보고서). 경기도여성가족재단

양수영(2021). **영유아건강교육.** 서울: 학지사.

유태선(2020. 02. 14.). 식습관, 부모의 관심과 학교 활동이 관건. **대한급식신문.** https://www.fsnews.co.kr/news/articleView.html?idxno=36590

이경화(2021. 12. 21.). 예방 중심의 의료서비스 패러다임 전환. **뉴스핌.** https://www.newspim.com/news/view/20211221000786

이상윤(2021). 기후 위기는 건강 위기이고, 사회 불평등을 증가시킨다. **월간복지동향, (277)**, 56-60.

이애리, 박용완, 오주현(2021). 스마트기기가 영유아 발달에 미치는 영향. **지식경영연구, 22**(3), 173-199.

이주석(2020. 05. 12.). 코로나19와 학교 보건교육의 필요성. **중앙이코노믹뉴스.** https://www.foodneconomy.com/news/articleView.html?idxno=307518

임민정, 임영심, 정정희(2021). **영유아건강교육.** 경기: 공동체.

조경자, 이현숙(2013). **유아건강교육.** 서울: 학지사.

조민영(2020. 11. 27.). 임신 중 스트레스가 태아의 뇌 발달에 미치는 영향. **국민일보.** https://www.kmib.co.kr/article/view.asp?arcid=0015262411

허혜경, 김성희(2015). **(영유아를 위한) 건강과 영양.** 서울: 창지사.

환경부(2010). **영유아 건강에 미치는 환경 유해 인자.** 환경보건종합정보시스템.

황나미, 최정수, 김소운(2015). **통일한국의 여성 · 아동 건강 정책과제와 추진전략.** 한국보건사회연구원.

황현주(2016). **아이의 마음속으로 떠나는 여행.** 경기: 어가.

황현주(2017). **영유아발달.** 서울: 양서원.

Aronson, S(1991). *Healthy young children: A manual for programs*. Washington, DC: NAEYC.

Bowlby, J(1958). The nature of the child's tie to his mother. *International Journal of*

Psychoanalysis, 39, 350-373.

Litchfield, D(2015). *The bear and the piano*. Boston, MA: Houghton Mifflin Harcourt.

Molly, B(1999). *When Sophie gets angry—Really, really angry*. New York, NY: Scholastic.

Thomas, A., & Chess, S(1977). *Temperament and development*. New York, NY: Brunner/Mazel.

저자소개

■ 백정언

성신여자대학교 대학원 유아교육과 석사
성신여자대학교 대학원 유아교육과 박사수료
현) 백석대학교 유아교육과 겸임교수

■ 한주희

중앙대학교 대학원 유아교육과 석사
중앙대학교 대학원 유아교육과 박사
현) 백석대학교 유아교육과 교수

영유아 건강교육

초판 1쇄 인쇄 / 2024년 12월 23일
초판 1쇄 발행 / 2024년 12월 27일

•

공저자 / 백정언 · 한주희
발행인 / 이 중 수
발행처 / **동 문 사**

•

서울특별시 서대문구 홍제원 1길 12
(홍제동 137-8)
Tel : 02)736-3718(대), 736-3710, 3720
Fax : 02)736-3719
등록번호 : 1974.04.27. 제9-17호
가격 : 21,000원

•

ISBN : 979-11-6328-648-6 (93370)
E-mail : dong736@naver.com
www.dongmunsa.com